1on1の対話レッスン

ワンランク上のコーチング

本間達哉 *Honma Tatsuya*
ダイアローグ・カフェ・クラブ代表理事

経団連出版

はじめに――本書の活用法

「ねえねえ、課長からメールきてたね、来週から1on1ミーティングやるって」

「あ、きてた。あれって何やるの？」

「なんか、業務のこと以外の話をするらしいよ」

「えー、何それ？　業務以外で話すことなんてある？」

「ないない。話したくもない。毎月一回、30分だって。なんかさ、私らの成長が目的とか書いてあったよ」

「はあ？　成長？　そんなの別にいいんですけど。私らのためとか言って、定期的にリサーチして人事的な何かに使うんじゃない。それか、部下のことはちゃんと把握してますって、部長に報告するため？」

「あ、そうそう、課長自身も部長の1on1受けてるんだって、自分の成長のために」

「四十歳過ぎて成長もないよね。ムリっていうか、ムダ？」

「確かに！　あの課長が変わるわけないよね。忙しいのに課長も大変だね。毎月一人で五人の部下の1on1と自分のでしょ。その時間、別のことに使ったほうがよくない？」

「ほんと、そう！」

これは、私の同僚のコーチが地下鉄の中で聞いた会話です。来週から、この課で始まるらしい（すでに、課長と部長は始めている）1on1は成功するのでしょうか。知らない会社の知らない課長さんではありますが、どうか部下たちにうまくガイダンスして、有意義な1on1を開始してほしいと心から願いました。

＊

私は、二十年以上にわたって、株式会社コーチ・エィのエグゼクティブ・コーチとして、さまざまな会社のリーダーや管理職約五百人のコーチングを実施してきました。同時に、「コーチ・エィ アカデミア」というコーチング型マネジメントを学ぶ講座のクラスコーチ（進行役）を一九九八年からほぼ毎週担当しています。この間、最初はスポーツの世界にしか存在しなかった「コーチ」が、エグゼクティブ・コーチ、ビジネス・コーチ、ライフ・コーチ、メディカル・コーチ、キッズ・コーチ、子育てコーチ、ライティング・コーチなど、数えきれない領域で登場しています。コーチングに関する書籍も多数出版され、現在では多くの企業で管理職研修やリーダーシップ開発の手法として導入されています。

私自身、年間百回以上のコーチング研修を実施していた時期もあり、コーチングは、それまでの上司から部下への一方的な指示・命令型の指導法に代わる新しい育成手法として、ブームの様相を呈したこともありました。しかしその一方で、新しい手法の浅い広がりは、さまざまな誤解と間違った活用の仕方によって、残念なことに「コーチング・アレルギー」も生み出しました。コーチングする側のマネジャーたちから、部下を甘やかすやり方だ、自分たちばかりが我慢を強いられる、といった不満の声があがり、コーチを受ける部下からも、上司からの質問攻めによる誘導法だ、質問ばかりで意見を言わない上司は信頼できない、などの声が聞かれたりしました。

そのような声があがる要因のひとつに、コーチングの手法を単純化して説明するあまり、ティーチングとの対立概念として「教えない」「聞く」「質問する」という点ばかりが強調されたことがあげられます。人材開発・組織開発が専門の中原淳立教大学教授は、著書『フィードバック入門』の中で以下のように述べています。

「二〇〇〇年代、不幸なことに「気づき」を重視した部下育成法が広まるあまり、「言いたいことを言ってはいけない」という思い込みが広まりました。（中略）コーチングが偏った理解のもとで普及したために「言いたいことを言えないマネジャー」が増える結果になったのです」

そして、それらの弊害をクリアする目的で登場したのが「1on1ミーティング」（以下、1on1と略します）だと考えられます。一方通行の指示・命令型のマネジメントが、よほどの緊急状態でない限り、すでに通用しなくなっていることは明白ですが、同様に「聞いてばかり」（「聞くこと」＝コーチングではない点を本書では繰り返し強調します）でもうまくいかないので、1on1では、必要に応じて上司からのアドバイスやティーチングも取り入れながら実施します。また、コーチングが「目標設定」を前提としているのに対し、1on1は場合によっては、それを抜きにした会話もなされるなど、現状に合わせて広範囲の適用を可能とした「対話の場」になっているのが特徴といえるでしょう。

もっとも、1on1において求められているコミュニケーションの基本的なあり方は、上司からのアドバイスやティーチングを奨励しているわけではなく、また貴重な時間が単なる雑談になってしまうことも避けたいことから、私たちが「コーチング」と呼んでいるアプローチがベースとなっています。実際、前述のコーチ・エィ アカデミアに本格的にコーチングを学びにきている受講者の中にも、「当社でもすでに1on1を導入しています。その中で部下をしっかりコーチングできるようになりたい」という動機を持つ人が増えています。

＊

コーチングにしろ、1on1にしろ、それがどのように行なわれているのかがポイントとなります。特に制度として1on1の実施を義務づけている会社の中には、すでに文化として根づき、業績の向上や離職率の低下、社員満足度の向上といった具体的な成果が表われているところもたくさんあり、「チームが一丸となって目標を達成した」「こじれていた関係が改善できて、ストレスが軽減した」「残業は減ったのに、業績は向上した」「離職率が大幅に減った」「風通しのいい組織というものを初めて実感した」など、数々の成功事例が報告されています。一方で、社員に十分な説明や教育がなされないまま、定期的な時間枠を設けることだけが強要されているために、「1on1アレルギー」を生み出しているという話も耳にします。そんな、アレルギー症状に陥っている方々に、ちょっとしたコツをお伝えしたいという気持ちが私の中で大きくなりました。

1on1実施にあたってまず注目したいのが、成功している実践者の多くが、自分が学んだコーチングの知識やスキルを部下やメンバーと共有している点です。部下が自主的にコーチングの本を買って勉強し始めているという話もよく聞きます。すなわち、コーチングや１on１を受ける側の部下やメンバーが、その意図や基本的な知識、スキルを理解し、その場を効果的に活用するためのリテラシーを持っていることが、成功する１on１の大きな要素になっているようです。

ただし、１on１の時間中、ずっと一方的な「コーチングのレクチャー」をしていた、ということにならないように気をつける必要があります。上司からコーチングの知識やスキルを何度もレクチャーされた部下が、レクチャー自体は役に立ったものの「学んだことを、上司であるあなたが私たちに実践していただかないと、説得力がないですよ」といつも心の中で思っていた、という話を聞いたことがあります。

では、１on１から多くの成果を生み出した人たちは、どのようにコーチングの考えや手法を共有していたのでしょうか。

私が担当したクライアントの実践していたひとつが、自分がやっていることの「手の内」を明かしたうえで、部下やメンバーから「フィードバック」や「リクエスト」を受けながら進める、という方法でした。

具体的には、１on１を進めるうえで効果的な話の聴き方や質問の仕方を学ぶと、それを実際の１on１の場面で活用し、どのくらい有効だったかを部下やメンバーに尋ね、もっと機能させるには何が必要かを一緒に考える時間を設けていました。また、1on1を促進させるために会社から配布されたチェックシートや分析シートは、指示に従って使うだけでなく、どんな使い方をすると有効かを部下やメンバー本人と相談しながら進めていました。もちろん自分の結果も共有しています。

このやり方は、コーチングの知識やスキルのレクチャーをするよりもはるかに効果的です。自分の上司が何をしようとしているのかを理解し、それが実際に有効かどうかを一緒に検証するプロセスにすでに参加しているので、受け身になりにくく、また上司が自身のこともオープンにするので、相互理解、信頼関係も深まります。そして、1on1の対象になっていた部下やメンバーは、さらに自分の部下やプロジェクトメンバーに対しても同様のコミュニケーションをとるようになり、組織への広がりも起きました。

＊

私はこれまでの経験をもとに、成功する1on1と、失敗する1on1の違いは何かを考えてみました。成功している例では、最初はどういう動機であれ、その時間を楽しいと感じられ、楽しいからもっといい時間にしたいと思っていろいろ工夫をしてみる、というサイクルを回すことができているようです。

逆に、成果が上がらないケースでは、上司本人がその時間に価値をおいていないのか、そもそものお互いの関係が思わしくないのかはわかりませんが、実施頻度が低下していることが一番の特徴としてあげられます。あるいは、頻度はあっても、コミュニケーションのとり方がこれまでと変わらず、相互学習のない内容になっている場合は、お互いに「ムダな時間」と認識しているようです。

新しいことを学び、これまでにない成果を生み出そうとするには、「正しい理解」と繰り返しの「練習」が必要です。語学やスポーツが練習なしに身につくことがないように、1on1の対話にも練習が欠かせません。そこで本書では1on1の対話の質を高めるためのヒントと、練習のためのエクササイズを二十の項目にまとめました。

上司の立場にあるみなさんが、部下（1on1を行なう対象）と本書を共有し、一緒に「練習」することはもちろん、部下という立場にあって、上司とのコミュニケーションをよりよいものにしたいと思うなら、ぜひ本書を共有し1on1の時間を有意義に使いたいと上司に提案してはいかがでしょうか。上司がその提案を受け入れてくれたなら、あなたの1on1は、ほぼ成功したといっても過言ではありません。

コーチングではどうしても、コーチとそのコーチングを受ける人（コーチー）という構造が発生しますが、1on1は本来、一対一で行なうミーティングですから、上司には、部下からの提案こそ、積極的に受け入れてほしいものです。

また、上司が必ずしも部下よりも「対話力」があるとは限りません。これまでの上意下達型のコミュニケーションに慣れている世代よりも、若い世代のほうが対話に関するリテラシーはむしろ高いかもしれません。継続的に実施される1on1の時間が相互学習の機会となるように、ぜひ本書をご活用いただきたいと思います。

＊

ここまで、1on1の場でのダイレクトな活用を紹介してきましたが、たとえばマネジャー同士でパートナーを組んで練習し、部下との1on1に活かすというやり方も有効です。あるいは、実際のエクササイズを指示したり、客観的なフィードバックをしたりする立場の人をもう一人設けて、三人一組で役割を交代しながら実施できると、進行はスムーズになるばかりか、第三の視点も加わり学習が促進されます。さらに、大人数の社内研修や勉強会という形で進めることもできますが、本書では便宜上、二人によるエクササイズの実施を前提とした記述としています。

目次

表紙カバーデザイン――矢部竜二

第1章
まず、向かい合ってみる

本章では、「対話」のレッスンを始めるにあたっての前提と、基本姿勢を明らかにします。さまざまなテーマや話題について話すそのプロセスは、常に「自分自身と向かい合ってみよう」という小さな決断から始まります。

レッスンを始める前に

◆コーチングと1 on 1の共通点、相違点

本書は、「コーチングや1 on 1に役に立つ対話の技術を磨くこと」を目的としています。その具体的な内容に入る前に、コーチングと1 on 1ミーティングの定義、共通点、相違点などを整理しておきましょう。

まず「コーチング」は、私が資格を取得している国際コーチ連盟（ICF; International Coach Federation）では、「思考を刺激し続ける創造的なプロセスを通して、クライアントが自身の可能性を公私において最大化させるように、コーチとクライアントのパートナー関係を築くこと」と定義されています。この言い回しは、さまざまな領域におけるコーチングを定義する必要があることから少しわかりにくい表現になっていますが、クライアントの可能性を最大化させるのは、コーチという個人ではなく「パートナーという関係性である」という点に注目してください。

私が所属していた株式会社コーチ・エィでは、もう少しビジネスの現場寄りの表現を用いて、「人材開発、特にリーダー開発に有効な手法」という位置づけのもと、「目標達成に必要な知識、スキル、ツールが何であるかを棚卸しし、それをテーラーメイド（個別対応）で備えさせるプロセスである」と定義し、そこで求められるスキルを「相手の自発的な行動を促進するコミュニケーションの技術である」としています。

一方、「１on１（ミーティング）」は、「部下の成長を目的にした一対一のミーティング」と定義されることが多く、上司への進捗報告や、評価面談とは一線を画し、あくまで「部下のため」に行なうことを前提とします。

また、エグゼクティブ・コーチに代表されるように、コーチングが、組織外のプロフェッショナル・コーチが実施したり、あえて他部署のメンバーをクロスでコーチングし合ったりするなど、その中立性が求められることが多いのに対して、１on１は、社内での上司・部下関係の中で実施されるのが一般的です。そこでは、完全な中立性を保つことはむずかしく、相手の経験やレベルに合わせてティーチングを加えたり、場合によってはフィードバックも必要になるでしょう。上司という立場での意見や責任を求められる場面も生じます。こういった現実的なやり取りも加味した中でも極力「心理的安全性」が保たれている時間を定期的につくっていこう、ということを1on1は仕組みとして重視しています。

上記を踏まえて、あらためてコーチングと1on1を整理すると、共通点は両者とも基本は一対一で実施され、対象となる人の成長や能力開発を目的としていることです。1on1はそのための「場」そのものを示す言葉で、基本的には上司・部下の間で実施され、その場は「心理的安全性」が保たれている必要があること。コーチングは、その1on1の場での非常に有効なコミュニケーション手法で、問いを中心にして、対象者の思考や行動を促進させていくものです。ただし、1on1では必要に応じて、ティーチングやその他の手法も活用されます。そしていずれも、一方通行の指示命令型ではなく、双方向の対話型のコミュニケーションを前提としています。

では、その土台となっている「対話」とはどのようなものでしょうか。

◆「対話」とは何か

「対話」をもっともシンプルに定義すると、「向かい合って話し合うこと」（大辞泉）です。この定義に対しては、「向かい合って話すのなら、ただのおしゃべりだって当てはまる」「向かい合うのは交渉のスタイルだから、四五度の角度で座ったほうがいい」などと思われるかもしれませんが、対話を始めようと思ったら、まずは「向かい合って話す」という気持ちから入るほうがわかりやすいでしょう。

対話とは、ダイアローグ（dialogue）の訳語です。もともとは演劇や小説の中の人物間の言葉のやり取りを示し、その対語は、独白＝モノローグ（monologue）です。

今日では、紛争や対立を、「対話を通して」解決をはかる、などと表現されるように、その事柄にかかわる主要な人物が「話し合いの場を設けること」といった意味合いで使われることも多くなりました。アメリカの物理学者で哲学者のデヴィッド・ボームの著書『ダイアローグ：対立から共生へ、議論から対話へ』には以下の記述があります。

「dialogueはギリシャ語の「dialogos」という言葉から生まれた。「logos」とは、「言葉」という意味であり、「dia」は、「～を通して」という意味である。二つという意味ではない。（中略）この語源から、人々の間を通って流れている「意味の流れ」という映像やイメージが生まれてくる」

また、実際のマネジメントやコミュニケーション場面では、前出の中原淳教授と、長岡健法政大学教授の共著書『ダイアローグ：対話する組織』で示されている「対話とは、共有可能なゆるやかなテーマのもとに、聞き手と話し手によって担われる、創造的なコミュニケーション行為」という定義がもっともしっくりくるように感じます。

ここで、あらためて「向かい合って話すこと」という定義に戻ってみると、そこには物理的に二人が向き合っている姿とともに、「課題」や「問題」と向き合うイメージや、見たくないものに直面するようなイメージもともなっていることに気づかされます。それは、「逃げたいような、でも逃げられないような」「話したほうがいいのはわかっているが、できれば避けたいような」躊躇や逡巡を少しばかり越えて、自分自身と、あるいは課題や問題と「向き合ってみる」ことであり、対話の第一歩ではないかと私は考えます。

◆対話と会話、議論、交渉の違いとは

コーチングや1on1が対話というコミュニケーション形態のうえに成り立っていることを前提とすると、「残念なコーチング」や「惜しい1on1」は、その前提から外れたコミュニケーション形態に基づいて行なわれていると考えることができます。

「会話」と「対話」の関係性から考えると、会話は「二人以上の人が集まってお互いに話すこと」という広範囲のやり取りを意味し、そこに「向かい合って」という形態が入ることで対話の要素が強くなるようです。たとえば、「親子の会話」からは、日常生活でのさ

まざまなおしゃべりのイメージが浮かびますが、「親子の対話」となると、親と子が少しあらたまって、これまでなかなか言えなかったことなどを話すイメージに変化します。

ただし、「議論する」あるいは「交渉する」となると、同じ向かい合うであっても、コーチングや1 on 1の前提となる対話のあり方とはだいぶ違ってきます。また、たとえば自治体と地域住民間での「対話集会が決裂しました」といったケースでは、そこで行なわれていたのは、対話ではなく、議論や交渉です。この点は、コーチングや1 on 1も同様で、決裂する場合は、対話ではなく、議論や交渉が行なわれていた可能性が高いといえます。

議論や交渉は、何らかの結論を出すことに向けたコミュニケーションであり、そのプロセスにおいては、勝ち負けや、正しい、間違っているといった戦いが起こりやすくなります。もちろん、対話においても、対立感情が生じたり、戦いのモードに入る可能性もありますが、そのこと自体も話すべき対象として「向かい合い」、相互に理解しようとするプロセスが「対話」だといえます。

そこで本書では対話を、それによる結果よりも、そのプロセスを通して相互の間に新しい関係性を生み出し、それが新たな視点やアイデア、行動をつくり出す可能性を持つコミュニケーションとして位置づけます。

◆「対話」のレッスンに必要なこと

「コーチングや1 on 1に役立つ対話の技術を磨く」レッスンでは、一緒にエクササイズを行なうパートナーを必要とします。パートナーは、気兼ねなく話せる同僚や、1 on 1の研修を受けた仲間同士でもかまいませんが、前述したように、これから1 on 1を一緒に進める相手（部下、上司、あるいはそれ以外の方）を選ぶことも、おもしろいチャレンジになるでしょう。夫婦で、あるいは友人同士という選択肢もあるかもしれません。

パートナーが決まったら、以下の三点を「意識する約束事」として確認します。

①お互いに守秘義務があること…相手の許可なく、対話の中で話されたことは他言しません。そのことによって心理的安全性を確保します

②正直であること…「正直」とは、自分が思ったことや、感じたことを抑圧せずにオープンに表現することを意味します

③違いを大切にすること…自分の意見や主義と違っていても、相手を非難したり攻撃したりしないこと。逆に、相手との違いに恐縮したり、無理に相手に合わせたりする必要もありません。それぞれが違ったまま一緒にいられることを大切にします

では、レッスンを始めていきましょう。

レッスン1
自分自身を棚卸しする

私たちが、対話のために向かい合う対象は「自分自身」です。ここでの自分自身とは、①自分という身体そのもの、②その中で「考えていること」「感じていること（感情）」「体感していること（五感で感じていること）」、③きょうまでその自分が経験してきた歴史、の三つを意味します。

自分の身体と向かい合うためには、そこに姿を映し出す鏡が必要です。同じように、過去の自分や、今自分が考えていること、感じていることも何かに映し出さないと、それらと向かい合うことは困難です。そこでレッスン1では、「書き出す」という作業を通して、これまでの自分を外側に映し出していきます。**図表1**は「セルフインベントリー・シート」です。インベントリーは棚卸しを意味します。このシートへの記入を通じて自分自身を棚卸しします。もちろん、自分に該当しない項目や、書きたくないことは記入しなくてかまいません。逆に追加したい項目があれば自由に書き加えてください。

セルフインベントリー・シートのほか、「モチベーションカーブ」（横軸にきょうまでの年齢、縦軸に自分のこれまでのモチベーションの高さを示した図表）、「自分を知るための自己分析1000問」（前田裕二著『メモの魔力』）なども参考になります。

◆エクササイズの進め方

エクササイズは、パートナーと一緒に進めます。

まずは、**図表1**にある各項目を別の用紙に書き写し、自分専用のシートを作成します。このプロセスの中で、この項目はいらないとか、これを追加しよう、表現を変えてみようなど、よりオリジナル色の強い「マイ・セルフインベントリー・シート」に仕上げていきます。項目の見直しや洗い出しも、パートナーと行ないます。二人がそれぞれ違うシートになってもかまいません。

さて、記入するシートの準備ができたら、実際に各項目（設問）に対する答えを記入していきます。自分自身を棚卸しする作業にあたります。だらだらと時間をかけるより、時間を区切って30分ほどで記入しましょう。

この間は、一人で記入することに集中します。必要があれば部屋を変えて、時間になったら戻ってくるというやり方でもかまいません。二人とも静かにして干渉せず、タイマーをセットするなどして、時間になるまで集中できる環境をつくりましょう。

さて、時間になったら、途中であっても、未記入があってもいったん終わりにします。

そして、書いてみた感想を一人3分ずつ話します。

感想を話す際は、書いた内容の解説をするのではなく、書くプロセスの中で、自分が思ったこと、感じたこと、気づいたことを話題に取り上げます。書いた内容については、この後のエクササイズでふんだんに話していただきます。

聴き役は、基本は黙って聴いていてください。

[自分の性格や特性について]

・どういう性格だという自覚があるか

・周りからはどういう性格だといわれてきたか

・自分の強みと思っていることは何か

・自分の弱点だと思っていることは何か

・何をしているときが自分らしいと感じるか

・何に対して、どんなこだわりがあるか

・変えたいと思っている性格

・一番集中しているときは何をしているときか

・何の制限もなかったとしたら何をしたいか

・好きな人、尊敬している人はだれか

[ビジョン、目標、課題について]

・将来の夢

・○○歳までに達成したいこと、実現したいこと（○○は自分で設定のこと）

・今とどんな変化をつくり出したいか

・身につけたい能力、さらに伸ばしたい能力

・やろうと思ってやっていないこと

・やめようと思ってやめていないこと

・この1年の目標

・直近の目標

・目下の悩み、課題

・迷っていること

図表1　セルフインベントリー・シート

[仕事について]

・今の主な仕事、業務
・これまでやってきた主な仕事、業務
・これからやってみたい仕事
・得意な仕事、好きな仕事
・苦手な仕事、嫌いな仕事
・仕事を通して成長したと思うこと、その出来事
・どんな人に影響を受けたか、どんな影響を受けたか
・仕事をする中でもっともやりがいを感じたことは
・仕事をする中でもっとも大変だったことは
・子供のころになりかかった職業

[プライベートについて]

・家族構成、兄弟構成
・家での役割
・趣味や好きなこと、長く続けていること
・休みの日の過ごし方
・どんな友人がいるか、友人たちとはどのように過ごしているか
・どのようなコミュニティに属しているか
・子供（学生）のころはどんな環境で育ったか
・子供（学生）のころ打ち込んでいたこと
・楽しかった人生のイベント
・苦しかった人生のイベント

レッスン2
自分自身と向かい合う

自分自身の棚卸しの次は、自分の「思考」「感情」「感覚」「行動」と向かい合うレッスンです。向かい合うといっても、思考や感情、感覚を見ることはできませんので、少し距離をとって眺めているようなイメージであり、「観察する」というほうがぴったりくるかもしれません。そして、「思考」「感情」「感覚」「行動」からやってくるメッセージを受け取る。さらに「ほかにはどうだろう?」と尋ね、またメッセージを受け取る。このようなキャッチボールを、ここでは「内的対話」と呼ぶことにします。

「思考」は、主に頭の中のささやきとしてとらえることができます。心理学的には「内言《ないげん》」といい、コーチングではよく「セルフトーク」と表現されます。絵や映像として思い浮かぶ場合もあります。「感情」は、うれしい、腹立たしい、悲しい、楽しいなどの喜怒哀楽、自分の気持ちです。わくわく、イライラ、ドキドキといった擬音語で表現されるこ

図表２　内的対話とは

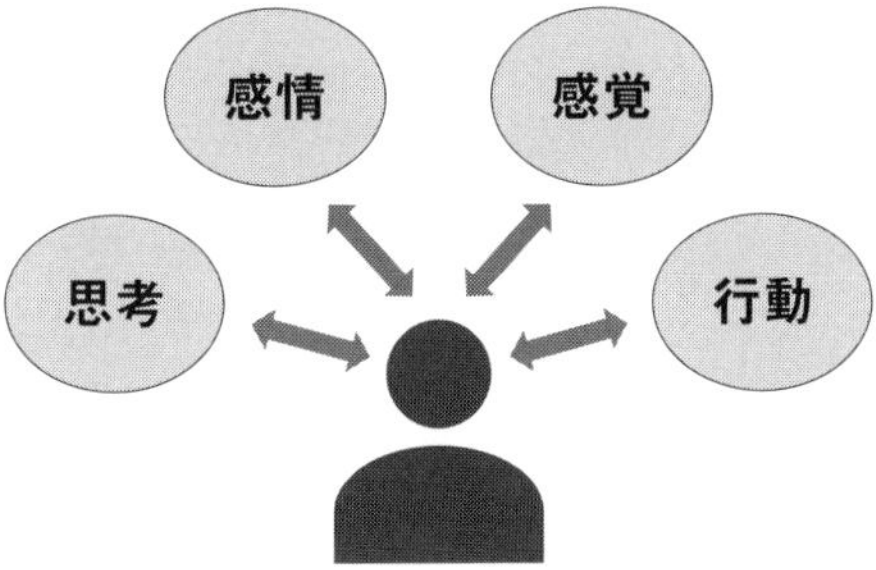

内的対話とは、思考、感情、感覚、行動とのキャッチボール

とも多いでしょう。「感覚」とは五感（視覚、聴覚、触覚、味覚、嗅覚）で感じるもので、温度や、身体の力の入り具合、呼吸、口内の粘りなど、実際に身体に起こっている生理的反応も重要なサインとなります。そして「行動」は実際に行なっていることです。笑ったり、眉間にしわを寄せたり、目をそらしたり、腕を組んだり、話したり、黙ったり…。意識的にしているときもあれば、無意識の場合もあります。

これらは、お互いに影響し合っています。たとえば、約束の時間に遅れそうになったときに、待ち合わせている相手の怒った表情や、「どういうつもり？」といった言葉が浮かんだりします［思考］。そうすると、胃がギュッと縮まるような感覚があり［感覚］、一瞬足を止め［行動］、「気が重い」という気持ち［感情］がわき起こる、などです。

このように、「今、こんなことを思っているな」「こんなことを感じているな」と自分の内側で起こっていることや実際にやっていることと少し距離を保ち、良い、悪いなどの判断をせずに、あるがままを観察している状態が、内的対話です。

ただし、心配事や気がかりなことが頭の中でぐるぐる回って、「こうなったらどうしよう？　あれをこうして、ああして」と自問自答を繰り返すのは内的対話ではありません。それはむしろ自分の考えと一体化して距離が保てていない状態です。内的対話は、そういう自分に対して「頭の中がぐるぐるしているな」「何がそんなに心配なのだろう？」と、少し離れたところから語りかけているイメージです。

これは、感情を例にするとわかりやすいでしょう。たとえば、何かがきっかけで険しい表情をしている人に「怒っているの？」などと聞き、「怒ってないよ！」と火に油を注いでしまった経験は、多くの方にあると思います。怒りと一体化している人は、時に自分が怒っていることすら見えなくなってしまいますが、その感情が少し収まると（距離ができると）、自分の鼓動が速くなっていることや口の中が乾いていることに気づき、やがて「何に自分は怒っているのだろう？」という内的対話が始まります。

他者との対話あるいは会話においても、内的対話が持てているときと、そうでないときでは大きな違いが生まれます。

たとえば、ある人の前では常に緊張し、聞きたいことも聞けない、言いたいことも言えずに後悔した、などの経験はありませんか。そういった状況では、頭の中で「緊張してはいけない」という、今起こっていることをジャッジする言葉がささやかれ、それがますます自分を緊張させる要因となります。そんなときは「ああ、緊張しているな」「自分を良く見せようとしているな」と自覚し、そのことを口に出せると、笑いとともに緊張感も解けていくようなことが起こります。

また、何かを議論したり、決定する会議の席では、内的対話ができている人と、できていない人の違いは一目瞭然です。内的対話のできていない人は、一方的に自己主張し、人の意見を聞かず、時に感情的になって声を荒げたり、急にふさぎこんで壁をつくったりします。そこには、自分の考えやその正しさへの一体化や、強いこだわりから生じる感情との一体化、あるいは、何も感じないようにするための遮断が起きていると考えられます。一方、内的対話ができている人は、他の人の意見に耳を傾け、相手を尊重しながらも正直に自分の気持ちや考えを述べることができるでしょう。なぜなら、自分の中で生じていることを早急にジャッジしたりせずに、そのまま観察できるので、他者から発せられるメッセージも同様の姿勢で受け止められるからです。

内的対話は、「今、ここ」に意識を集中させるときにも役に立ちます。不安や恐れを抱いているときに支配している自分の内側の声を眺めることができたり、自分の気持ちと、発している言葉の違和感を認識できたり、さらには「今、ここ」にいる自分に立ち返って、次の選択をしていく「間」をつくり出すためにも、内的対話の練習が欠かせません。

そして、内的対話の練習を通じて身につくのが、「メタ認知力」です。メタ認知とは、アメリカの心理学者、ジョン・H・フラベル氏が定義した心理学用語で、現在進行中の自分の思考や感情や行動を対象化して認識することにより、自分自身を客観的に把握することができる能力を指します。「メタ」とは、「高次の、上位の」を意味し、少し上のほうから自分を眺めているようなイメージです。

この能力によって、「客観性」「柔軟性」「視点の転換」などが起こることから、内的対話が学習促進や人間関係の構築に欠かせない、大切な能力であることがわかります。

◆エクササイズの進め方

椅子に座り、ベルトやネクタイなど身体を締めつけているものがあれば少し緩めておきます。足は組まずに、両足の裏を床に着けてください。靴は履いたままで結構ですが、ヒールが高い場合や、窮屈な場合は脱いでもかまいません。腕も組まずに、手のひらは軽く開いて腿の上におきます。背筋はすっと伸ばして、肩の力を抜きます（一度、肩をぐっと上げて、ストンと落とすと力が抜けます）。

このスタイルを「オープンスタイル」と呼びます。本書では何度も出てきますので、覚えておいてください。

さて、オープンスタイルができたら、タイマーを3分にセットして、目を閉じます（できれば、時間を知らせる音は、キッチンタイマーのような目覚まし音ではなく、メロディーなどのやさしめの音をおすすめします）。

目を閉じたら、しばらくの間、自分の呼吸に意識を向けます。基本は鼻から吸って、鼻から吐きますが、鼻がつまっているときなどは自分に楽な呼吸をしてください。

呼吸がゆったりしてきたら、まずは、自分の身体に意識を向けます。まずは足の裏が床に着いている感触を感じ取り、足首やふくらはぎ、椅子に乗せているお尻の感触、手のひらが腿に触れている感触など、目を閉じたままで、下から上に身体をスキャンしているようなイメージです。凝っている部位や、力が入っているところ、痛みを感じる箇所があっても、そこをさすったりはせず、ただ、「右肩の後ろが少し痛いな」といったように眺めてみます。全体を通してゆっくりと眺めるのがポイントで、その間の呼吸もゆったりしているのがいいでしょう。

次に目を閉じたまま、「今、自分はどんな気持ちなのだろうか」と問いかけます。身体とコンタクトをとっているときにすでに感じているかもしれませんが、今の自分の感情や気持ちを頭の中で表現してみます。無理に一つの言葉にする必要はありません。「フワっとした感じ?」「ちょっとイライラ?」「なんか、ほてってる」など、自分が一番ピンとくる表現で十分です。

最後は、「今、考えていることや、頭に浮かんでいること」に意識を向けます。すると、「この後の予定はなんだったたっけ?」などの言葉だったり、「昨日、自分がプレゼンテーションしていた姿」が映像として思い浮かぶなど、いろいろな形で現われますが、一つの考えの中に入りこんでしまわないように、浮かんでくる「考え」に距離を持って眺めます。時には、ちょっとした音が気になるかもしれません。そういった場合は「…の音が聞こえているな」と頭の中でささやきます。

最初のうちは、ある考えの中に入りこんでしまったり、眠ってしまったりするかもしれませんので、パートナーがガイド役になって、「今、自分の身体はどんなふうに感じられますか?」「今、どんな気持ちですか?」「今は、何を考えていますか?」など、おおよそ30秒ごとに問いかけてもらう方法をとってもらうといいでしょう。

なお、ここで紹介したのは3分間での設定ですが、短く感じられる場合はもう少し長めの5分や10分で試してみてください。

◆振り返りと応用

時間がきたら、このエクササイズをやってみての感想を一人3分ずつ話します。ここでは、互いに体験したことに違いがあっても気にしないことが大事です。特に、普段から瞑想やマインドフルネスなどを通じて慣れている人と、そうでない人とでは体験に違いが生じることでしょう。その日の体調や、前後の出来事などによって集中の度合いも変わってきます。

また、このエクササイズは「無」になることが目的ではなく、いろいろな「ざわつき」と向き合えることを狙いとしています。できれば、レッスン3以降のエクササイズ前に習慣化して行なうと効果的です。ちなみに私は、スタッフとトレーニングをする前や、自分がコーチをする前などに、この時間を「1分間」設けるようにしています。そのことで、頭の切り替えができ、その後の時間に集中できるようになります。

みなさんも、毎日の始業前や重要な会議の前、人前で話す前などに試してみてはいかがでしょうか。一日が終わり、床につく直前に内的対話の時間を持つことは、睡眠の質を改善することにも役立ちます。ただし、一つの考えや、感情の中に入り込まないように気をつけましょう。脳が覚醒して眠れなくなるリスクもあるからです。

レッスン３
他者と向かい合う
――アイコンタクト

　自分自身と向かい合うことができたら、次は他者と向かい合うレッスンです。レッスン３では、まず「物理的に」向かい合うことから始めます。レッスンが進むにつれて、さまざまな形の「対話」（対話の応用）が出てきますが、いずれも、ここで取り上げる「お互いに向かい合う」体験が基本となります。

　私は、ある生命保険会社の支店長のコーチをしていたときに、支店でチームビルディングの研修をやってほしい、という依頼を受けました。その支店では年度初めに一年間の方針や目標を確認するとともに、社員間の親睦を深めることを目的に一泊二日の合宿を会社の保養所で行なっていました。その年は、マネジャーたちの関係がぎくしゃくしていて、チーム間の連携が不十分なので、宴会だけではなく、チームワークをよくする体験型研修を半日で実施したいとのことでした。

いくつかのアイスブレークのエクササイズを実施した後に、「業務上あまり接点が少ない、あるいは少し距離を感じている人と二人組をつくってください」と指示すると、四十人ほどの社員がざわざわしながらペアをつくっていきました。そしてなかなか相手が決まらない女性二人が残り、お互いに相手をチラッと見ながら、仕方なさそうにペアを組みました。実はこの二人こそ、関係がぎくしゃくしている、支店長の悩みのタネのマネジャーでした。

「これからのエクササイズは、言葉を使いません」という私の言葉に、会場からは「えー」といったざわつきが起こる中、二人はまったく表情を変えず、視線も合わせないままでした。「二人で向かい合って、言葉は使わずに、ただ視線を合わせていてください」という指示でエクササイズは始まりますが、しばらくすると、耐え切れずに思わず笑い出す人が出て、それにつられて何人もの人が声を出す中、その二人は無表情のまましっかりと視線を合わせていました。

視線を合わせた後は、いったん目を閉じて、目を休めてから、またアイコンタクト、を三回繰り返します。三回目に目を閉じたときに、この二人のうちの年下と思われるマネジャーがハンカチを取り出したのが見えました。最後に、体験してみてどうだったかをお互いに伝え合うのですが、二人はずっと無言のままで、そして二人とも目には涙が溢れていました。

その後の休憩時間に、何が起こっていたのか話を聞くことができました。もともと二人は上司・部下の関係で、そのときはむしろよく一緒に食事に行くような仲だったのですが、もう一人もマネジャーに昇格して間もなく、ある業務上のトラブルから、険悪な雰囲気になったそうです。何があったのかと聞いても、両者とも「とるに足らない、些細なこと」と言うだけで、中身は教えてもらえませんでした。ただ、それがきっかけで、口を利かなくなり、気がついたら一年以上が経っていたそうです。

「その間、視線を合わせることも、ほとんどなかった」という後輩マネジャーは、「先ほど、視線を合わせろと言われたときに、本当に怖くて嫌だったんですが、〇〇さんは、しっかり私のことを見ていて、最初、負けるもんかって思いました。でも〇〇さんは別に私と戦っていなくて、むしろその視線がやさしくて」と話してくれました。先輩マネジャーは「なんだか、意地を張っていたんだと思います。向こうが謝ってきたら許そうとか、子どもみたいな話で恥ずかしいです」と言い、実はこの研修で少しでもそのきっかけがつかめたらいいと思っていたとのこと。

支店長は何度か、この二人を呼んで話したことがあるものの、そのたびに「別に大丈夫です」「仕事に支障はきたしていないと思います」と言うばかりで、関係の改善は見られなかったため、「今回、二人が向かい合って話をしているということだけでも、この研修をやった価値は十分あった」と喜んでくれました。

向かい合うことは、何かを「始める」「変える」きっかけになると私は確信しています。

◆エクササイズの進め方

机やテーブルなどは間にはさまずに、椅子を二つ並べて、向かい合って座ります。自分の膝と相手の膝との間が三十センチくらいになるまで近づき、足を組んだり、腕を組んだりせず、「オープンスタイル」で向かい合います。そして、最後にお互いに目線を合わせる「アイコンタクト」を行ないます。なお、以後のレッスンで、「二人組でオープンスタイルになって」と記す場合は、この形で座ってください。

さて、二人組のオープンスタイルの準備ができたら、タイマーを1分にセットし、しゃべらず、黙ってアイコンタクトをします。ほかには何もしません。タイマーが1分経ったことを知らせたら両者とも目を閉じます。そして1分間の内的対話に入ります。今感じていることや、思っていること、身体の感じを眺めてください。

１分経ったら、また目を開けて、目の前の人とアイコンタクトします。これを計三回、行ないます。そして四回目に目を開けた後は、ここまでの体験を自分がどのように感じたか、どんな気づきがあったかなどをお互いに話します。

◆振り返りと応用

四回目に目を開けたら、最初に話す人、後で話す人を決めて、それぞれ３分間、エクササイズを通して体験したことを話します。話す内容としては、たとえば、
・相手を見ていて、どんなことが気になったか？
・何が見えていたか？
・内的対話からは、どんな気づきがあったか？
・今、身体の感じはどんな感じか？
などがあげられます。その後で、さらに３分間、二人で自由に話したり、質問したりする時間を設けます。

なお、このエクササイズには応用編があります。先ほどはお互いに目線を合わせていま

したが、片方が目線を外したときにどんな印象を受けるかの体験も共有してみましょう。

オープンスタイルをつくったら、Aさん、Bさんを決めます。最初10秒ほどアイコンタクトをした後、Aさんは意図的に視線を外します。下を向いたり、上を向いたり、横を向いたり、残りの時間（50秒ほど）は、あえてアイコンタクトはせずに向かい合います。その間、Bさんは、Aさんを見ていてください。1分経ったら交代です。Bさんも同様に、最初の10秒ほどはアイコンタクトをして、それ以降は外したままにします。

二人ともこのエクササイズが終わったら、振り返りです。

・視線を外したときにどんな気持ちになったか、どんなことを考えていたか？

・視線を外されたときは、どんな気持ちになったか、どんなことを考えていたか？

・1分という時間はどのように感じたか？

など、お互いが感じたことを自由に話します。

レッスン4
他者と向かい合う——自己開示と好奇心

レッスン4で取り組むのは、いわゆる自己紹介です。「よく知っている仲で、今さら自己紹介する必要なんてあるの?」と思われるかもしれませんが、一方通行の自己紹介ではなく、お互いをよく知るための「双方向の」自己紹介です。

自己認識の幅を広げるというテーマでよく知られているのが「ジョハリの窓」です。サンフランシスコ州立大学の心理学者ジョセフ・ルフト(Joseph Luft)とハリ・インガム(Harry Ingham)が一九五五年に発表した自己認識モデルです。ジョハリというのは、この二人の名前を取って名づけられました。

図表3に示すように、自分を次の四つの領域(窓)に分けてとらえます。

①本人も他者もよく知っている領域=開放の窓
②他者は知っているけれど、本人が知らない領域=盲点の窓

図表3　ジョハリの窓

		自分が	
		知っている	知らない
他者が	知っている	① **開放の窓** （**open self**）	② **盲点の窓** （**blind self**）
	知らない	③ **秘密の窓** （**hidden self**）	④ **未知の窓** （**unknown self**）

③本人は知っているが、他者は知らない領域＝秘密の窓
④本人も、他者も知らない領域＝未知の窓

基本的には「開放の窓」を広げていくことが、オープンで円滑な人間関係、チームワークの向上に役立つという前提で、下に広げるには「自己開示」が、右に広げるには「フィードバック」が必要という趣旨で活用されます。また、未知の領域＝潜在能力を発揮させるためにも、その二つの働きかけが有効と考えられていて、対人関係改善やチームビルディングのプログラムなどによく登場します。

1on1における対話も、自己開示とそれを可能にする相手への傾聴、相互のフィードバックによって、相互理解を深めていくプロセスといえます。そして、そのプロセスによって、両者にとって未知の領域の発見が可能になります。

ところで、自己開示といっても、なんでも自分のことをオープンにすればいいというものでもありません。また、昨今

は個人情報に対する意識の高まりとともに、根掘り葉掘り相手のことを探るような行為は、むしろ信頼関係を損ないかねません。では、コーチングや1on1では、自分について、お互いに何をまず共有することが効果的でしょうか。

そのヒントは、「自己開示と好奇心」にあります。すなわち、「いったいこの相手に、自分の何をオープンにすることが有効だろうか、何を知ってほしいと思っているだろうか」あるいは「私は、この相手の何を知りたいだろうか、何を知ることが、今後のコミュニケーションを円滑にするだろうか」といった、問いによる内的対話から生まれた自己開示であり、好奇心です。それらは、「自己紹介ではこれを話すとよい、これを聞くとよい」といった内容を列挙したものよりも、はるかに有効です。

ある程度知っている人に対してこそ、いったん立ち止まり、相手への好奇心を持って、「何をもっと共有したいのだろう？」と問いかけてみましょう。

◆エクササイズの進め方

Aさん、Bさんを決めたうえで、レッスン1で記入した「セルフインベントリー・シート」（図表1）を読み返します。Aさんは話し手役となり、自己紹介で自分が何を話すか決めます。一方、Bさんは聴き手です。Aさんについて、知りたいこと、聞きたいことをメモしておきます。オープンスタイルになって二人で向かい合ったら、3分間、Aさんが自己紹介をします。Bさんは黙って聴いています。相槌を打ったり、うなずいたりしてもかまいませんが、質問や、自分の話はしません。3分経ったら、Bさんが質問をしてAさんがそれに答える形で、さらに3分間、自己紹介を続けてください。

3分＋3分の計6分が経ったら、Aさん、Bさんは役割を交代します。

◆振り返りと応用

二人の自己紹介が終わったら、自分が話し手のとき、聴き手のときのそれぞれで「どんなことを感じていたか」「どんなことを思っていたか」「自己紹介をする前と比べて、相手のことがどんなふうに感じられるか」などを二人で自由に話してください。

今回は、エクササイズとして、3分＋3分という時間を設定しましたが、物足りなさを感じたら、二人で自由に時間を延長してください。私の知り合いのコーチは、ファーストコンタクトでの信頼関係こそ大切だと考え、お互いの自己紹介に1時間以上を費やしています。

コラム１ いつだって、「今」から

私は、ほとんどのコーチングを自宅で電話を使って実施しています。対象となる方の多くが、勤務時間外の電話を希望されるので、朝七時からだったり、夜九時からだったりもします。そのため、その日のスケジュールを妻に伝えて、食事の時間などを調整してもらっています。

ある日、最後のクライアントの終了予定に合わせて、妻に「きょうの晩ご飯は八時からお願い」と一言かけておきました。自室での電話コーチングを終えて、「あー腹減った。きょうの晩ご飯は何かな?」と、八時を少し回ったところでリビングに向かうと、妻はスマートフォンとにらめっこで、食卓には何も用意されていませんでした。

私の気配に気づいた妻は、しまったという表情をしながら「ごめん、もうこんな時間、今からつくるから」と立ち上がりました。その瞬間、私は思わず声を荒げて言いました。

「はぁ?　今からつくるの?」

明らかに私の怒りを感じ取った妻は一瞬、間をおいてから、ゆっくりと言いました。

「じゃあ、いつからつくる？　10分後？　それとも1時間後？」

「いや、それは、今からでしょ」

妻の開き直りともいうべき一言に一本取られた私は、林修先生のキャッチフレーズさながらの回答をしている自分に吹き出しながら、一緒に夕食の準備に取りかかりました。

自分に余裕がないと、些細なことでイラっとして、相手を責めたり、巻き戻せない時間を嘆いたりすることがあります。その結果、「本当に望んでいること」がどんどん遠ざかってしまい、そうしている自分をまた悔いている、そんな悪循環に時間が費やされてしまいます。

そんな中で、「本当に望んでいること」に向けて動き始めるのは、いつだって、それに気づいた「今から」です。そういう意味では、この日のやり取りは成功体験だと思っています。その晩、その後最速でおいしい食事にありつけたことは間違いない事実なのですから。

第2章 心から聴く、そして返す

聴くことが対話の原点です。それはけっして受動的ではなく、身体全体を使った能動的な行為です。本章では、何を聴くのか、どのように聴くのか、そして受け取ったことを相手にどう返すのかのレッスンを行ないます。

レッスン5

アクティブリスニング
――「聴いている」サインを送る

アクティブリスニングとは、カウンセリングの父と呼ばれるカール・ロジャース博士が提唱した、能動的に、そして受容と共感を持って相手の話を聴くことです。問いかけや確認なども時には行ないますが、聴き手は自身の判断や評価を脇において、相手の言葉の中にある事実や感情を理解するものです。そのプロセスを通して、話し手本人が自ら課題を解決したり、自己決定していくことをサポートします。なお、日本語では「積極的傾聴」と訳されますので、本書では傾聴する場合は「聴く」の文字を使用しています。

コーチングや1on1においては、「聴く姿勢」や、「聴く技術」を持っていることは、プロのカウンセラー並みの技術までは求められなくても、お互いの信頼関係を築いていくために不可欠です。自分の話を聴いてもらえない、受け止めてもらえないことが、どのような関係をつくり出すかを考えたことはありますか。相手への不満、不信感、そしてあきらめの気持ちなど、自分が大事にされていないような感情を抱き、自分の話を聴いてくれない人の助言やアドバイスを素直に聞き入れることはむずかしいでしょう。自身の体験を振り返ってみると実感できると思います。

スイスのビジネススクールＩＭＤの学長であるジャン＝フランソワ・マンゾーニ教授はその共著書『よい上司ほど部下をダメにする』で、頭の回転の速い「できる上司」といわれている人ほど、部下について早々に「できる部下」と「できない部下」のレッテルを貼ってしまうバイアスの罠を紹介しています。自分の判断に自信のある上司は、その後はレッテル越しに部下を見るようになり、「できない部下」は特に過小評価されがちで、その部下が時に好成績を出しても、たまたまだと考え、成績が落ちると「やっぱりね」と判断され、そのレッテルはさらに強化されるとしています。そのサイクルを「失敗おぜん立て症候群」と名づけ、その罠から脱出するには、まずは勇気を持って対話の場をつくり出すこと、特に上司が「聴き手に回る」姿勢が大事だと説いています。

この、聴き手に回る際に必要になるのが、アクティブリスニングです。二〇〇〇年ころと比べると、最近は聴く姿勢を持つ管理職が増えたと私は実感しています。以前は、研修のエクササイズ中でも、腕を組んで目を閉じている人や、自分の話す番ではないのに、相手の話に割りこんでくる人がいましたが、近年は「聴こう」とする態度が感じられ、聴き姿に自然な印象を受ける人が増えているように感じます。聴くことの重要性が求められている今日、本書を通じて「聴く力」にさらに磨きをかけてほしいと思います。

アクティブリスニングのレッスンは三つのパートに分けて練習していきます。レッスン5では、「聴いている」サインを送る、を取り上げます。これは、相槌、うなずき、相手の言葉の繰り返しなどであり、聴き上手といわれる人に見られる動作です。

私は先日、ある大学の社会人向けの「対話力を磨く」講座で、アクティブリスニングのエクササイズを行ないました。その休憩時間に、二十代の男性から「自分としてはかなり真剣に相手の話を聴いているのに、話しづらいと言われます。どこが？　と尋ねても、なんとなく、と言われて困っています」と相談されました。彼に話しかけられて、すぐに感じたことは、目線はまっすぐこちらを向いて、いわゆる目力を感じるのですが、話しているときの表情にほとんど変化がないのです。身体の動きもどこか滑らかさに欠けていていました。そのことを伝えると「真剣に人の話を聴こうとすればするほど、こうなってしまう。上司から時々、ちゃんと聴いている？　と言われるのはそういうことだったのか」と納得していました。

だからといって、大きなリアクションや表情も、話しづらい要因となります。「そうそう、そうそう！」「わかる、わかる」「うんうん、なるほど、なるほど」。これらを私は「うるさい相槌」と呼んでいますが、よかれとやっているものが、相手の話を邪魔する要因になっていることも少なくありません。また、人によって話すスピードや間の取り方はさまざまなので、それらに合わせる意識がないと「なんかこの人とはウマが合わない」「一緒にいて疲れる」という気持ちにさせている可能性があります。

そのようにならないためには、フィードバックをもらう機会を設けることが必要です。話を聴いているときのしぐさや表情、相槌やうなずきのテンポ、口癖などは、自分では気づかずに無意識で行なっていることがほとんどで、ジョハリの窓の中でいう「盲点」になっている領域といえます。盲点を解消するためには、フィードバックを取り入れることが必要なのです。

◆エクササイズの進め方

Aさん、Bさんを決めて、最初はAさんが話し手、Bさんが聴き手になります。無理なくお互いの顔が見えるような位置関係で座りますが、これまでのように真正面で向かい合う必要はありません。話し手であるAさんが話しやすい距離、角度、位置関係を聞いて、Bさんはそれに合わせます。

準備が整ったら、Aさんが3分間「自分の趣味や好きなこと」など少しプライベートなことを話します。Bさんは、それに合わせて、相槌やうなずき、相手の言葉の繰り返しなどをはさみ、「あなたの話を聴いていますよ」というサインを送るなど、Aさんが話しやすいと思えるような反応を示しながら聴きます。

3分経ったら、AさんはBさんにフィードバックをします。「自分が話しやすかったか」「共感を持って聴いてくれていると感じたか」を基準に、表情や目線、しぐさ、相槌やうなずきの頻度やテンポなど、本人が気づきにくい部分を重点的にフィードバックします。「もっとこうしてほしい」といったリクエストでもかまいません。1分程度で正直に伝えます。

そして、さらにあと3分間、Aさんは話を続け、Bさんは耳を傾けます。3分後、Aさんは再度、Bさんにフィードバックします。一回目と比べてどんな印象の変化があったか、良かった点はどこか、さらに改善が必要な点は何か、などを1分ほどで伝えます。

Aさんからのフィードバックが終わったら、Aさん、Bさんの役割を交代します。Bさんが話し手、Aさんが聴き手になって、同じエクササイズを体験します。

◆振り返りと応用

エクササイズを通じて気づいた点や感じた点を共有します。そして、さらに意識してみようと思ったことがあったら、その場で少し練習してみてもいいでしょう。

このエクササイズは、いろいろな人と試してみることがよい練習になります。特に自分と話すスピードが違う人、性格のまったく異なる人が相手だと、より効果が認められます。食事やコーヒーブレイクのときにも実行できます。だれと試すと効果的か、パートナーと話してみてもいいでしょう。

レッスン6

アクティブリスニング
——使っている言葉の意味を理解する

相手が考えていることや感じていることが自分とまったく違っていたとしても、「あなたはそう思っている、あなたはそう感じている」と受け入れることが、相手を理解する第一歩です。これを「共感的理解」と呼んでいます。

一方、自分の考えや価値観にこだわりすぎると、相手が思っていること自体を否定したくなります。本来、考えや価値観は、自分が「選択したもの」であり、別の選択も可能なはずですが、「自分＝考え、価値観」と思いこんでしまうと、共感的理解は大変困難なものになってしまいます。

共感的理解を進めるにあたってはいくつかの方法がありますが、最初に焦点を当てるのは、相手の使っている言葉とその意味や背景、イメージを知ろうとするアプローチです。

私が数年前に、怒りをテーマにしたワークショップに参加した折、ペアを組んだ三十代の女性がしきりに「激怒ですよ！」という言葉を使っていました。「子どもが塾をさぼったことを聞いてもう激怒ですよ」「旦那が連絡なく夕食を食べてこようものならほんとに激怒！」といった具合です。文字どおりに受け取るなら「激しい怒り」ですが、その女性は結構笑いながらそのことを話していたので、「○○さんにとって激怒というのは、怒りのレベルでいうと十点を最高としてどのくらいですか？」と聞いてみました。私は、狂わんばかりの怒りを十点として、八～九点くらいをイメージしていたのですが、「六点くらいかな？」という答えでした。ちなみに彼女が「激怒」という言葉を使っているときのイメージは漢字ではなく、カタカナの「ゲキド」なんだそうです。レベル的には、その上に「（イカリ）シントー」「バクハツ」「フンヌ」「キョーキ」があるとのことでした。

私たちが言葉を発する際、そこには、その言葉があわせ持つイメージや意味がともないます。しかし同じ言葉でも、だれもが同じようにイメージしていなければ、その解釈が同じとは限りません。知らない言葉や異国の言葉なら「それはどういう意味？」と確認しますが、日常的に使われている言葉であるなら、「わかったつもり」になってしまうことがよくあります。

これから行なうエクササイズは、当たり前に使っている言葉にあえて引っかかる（意味を確かめる）ことによって、その人の背景にある考え方や価値観、文化などを理解しようとするものです。これは同時に話し手自身が自分を知るいい機会にもなるはずです。

◆エクササイズの進め方

Aさん、Bさんを決めます。Aさんが最初の話し手になります。セルフインベントリー・シート中の「自分の性格や特性」に関することを自由に話します。どの項目でもかまいません。Bさんはそれを聴きながら、気になった言葉や表現について、「○○ってどういう意味ですか？」「△△という表現を使っていましたが、それを話しているときはどんなことをイメージしていますか？」などと尋ねて、その言葉や表現の背後にある意味や、イメージなどをAさんに話してもらいます。意味やイメージの共有ができたら、Aさんは引き続き自分の性格や特性についての話を再開し、Bさんは気になる言葉を尋ねる、ということを5分ほど続けます。

ただし、Aさんが一方的に話し続けるとBさんが質問をさしはさむ余地がなくなりますので、時々間をおいたり、早口の人は少しゆっくり目に話すといいでしょう。

5分経ったら、AさんとBさんとで役割を交代します。

◆振り返りと応用

エクササイズ後は、やってみて気づいたことや、相手のどんな点に関しての理解が深まったかなどを二人で共有します。

このエクササイズも、いろいろな人を相手に行なうことをおすすめします。ただし、「それはどういう意味？」を連発すると、しつこいと嫌がられる可能性がありますので、なぜ質問を繰り返しているか、その趣旨を理解してもらうようにしたり、丁寧な尋ね方をするなどの工夫をします。

また会議や面談時などでも、抽象的表現やイメージしにくい言葉が出てきた際には、その意味を確かめたり、具体的には何を示しているのかなどを尋ねるよう意識してみましょう。

レッスン7

アクティブリスニング
——言葉以外のものを聴く、観る

共感的理解を進めるにあたっては、「非言語」のメッセージ（言葉以外のもの）も重要な役割を担っています。アメリカの言語学者マジョリー・F・ヴァーガスの著書『非言語コミュニケーション』によると、次の九つの非言語が人のコミュニケーションに大きな影響を及ぼしています。

・人体そのもの（性別、年齢、体格など）
・動作（姿勢やしぐさ、動き）
・目（アイコンタクトと目つき）
・周辺言語（話し言葉に付随する声のトーンや大きさなどの音声上の特徴）
・沈黙
・身体接触（握手やハグ、ハイタッチなど）

・対人的空間（人と人との距離感や座る位置、話す環境など）
・時間（文化形態と生理学の二つの次元での時間）
・色彩（着ている服、アクセサリーなど）

また、同書の冒頭にも紹介されていますが、非言語コミュニケーションの第一人者であるペンシルベニア大学のレイ・L・バードウィステル教授は、「二者間の対話では、言葉で伝えられるメッセージは全体の三五％で、残りの六五％は、話しぶり、動作、ジェスチャー、相手との間の取り方など、言葉以外の手段によって伝えられる」と述べています。

日常的にも、非言語のコミュニケーションが与える影響は容易に見出すことができます。たとえば、ＰＣのキーボードを打ちながら「それで？」と話を促す上司。プレゼン前に「大丈夫です！」と言いながら手が震えている部下。会議中、けっして目を合わせない役員同士。腕を組み、足も組みながら「きょうはオープンに、ざっくばらんな話をしよう」と言っている同僚など、言葉で表わす以前に無言のメッセージがそこには存在し、多くの場合は言葉以上にそのしぐさ、表情、目線、姿勢から伝わってくるものに本意を見出しているのことが多いのではないでしょうか。

コーチングや１on１の場面では、その非言語的なメッセージをそのままにせず、非言語

の意味するところを話題にすることがあります。たとえば、

「今、明らかに声のトーンが変わったけれど、どんな気持ちが起こっているの？」

「○○さんの話になると、腕組みを始めるのは何を意味しているのだろうか？」

「きょう、その服装を選んだのはなぜ？　どんな意気込みでいるの？」

など、一人ではなかなか気づけない、自分の無意識の行動や選択をコーチや上司が問いという形にすることで、「実は…」「本当は…」という話が始まることが多々あります。このように、多くの場合は無意識に（時にかなり意識的に）発信されている非言語メッセージから、本当は何を伝えたいのか、何を望んでいるのかを見つけることが、対話のひとつの醍醐味であるように思います。


アクティブリスニングは、ただ単に相手の言葉に耳を傾けるだけではなく、言葉以外のメッセージを積極的に（アクティブに）受け取ろうとする聴き方です。本音の多くは非言語的なメッセージから送られているからです。

◆エクササイズの進め方

Aさん、Bさんを決めて、Aさんがまず話し手、Bさんが聴き手になります。Aさんは

セルフインベントリー・シートを参考に、自分のこれまでの仕事の中で、もっともやりがいを感じたこと、大変だったことを話します（プライベートでの楽しかったイベントと苦しかったイベントでもかまいません）。

Bさんは聴き役に徹しますが、Aさんの話を聴きながら、Aさんの表情やしぐさ、目線、姿勢、声のトーンなど、非言語、周辺言語がどのように見えたか、聞こえたか、感じられたか、を観察します。

3分経ったらAさんは話すのをやめ、Bさんは、Aさんの表情やしぐさ、目線、姿勢、声のトーンなどで気づいたこと、印象的だったことをフィードバックします。同時にAさんも聴き手のBさんについて、表情やしぐさ、目線、姿勢などで印象的なことがあったら伝えてください。フィードバックに要する時間はそれぞれ3分です。

次に、Bさんが話し手、Aさんが聴き手（および観察者）と役割を入れ替わります。

◆振り返りと応用

お互いの非言語コミュニケーションでの気づきを共有します。普段から接点のあるパートナーの場合は、他の人とのコミュニケーション場面などで気づいた非言語のコミュニケーションを伝え合うのもよいでしょう。

エクササイズは、いろいろな方との間で試すことができます。一対一のときだけでなく、会議や食事の時間など複数人いる場面や、電車の中、お店など知らない人に対しての人間観察からもさまざまな気づきが得られ、おもしろいかもしれません。ただし、相手から不審に思われる可能性がありますので、注意が必要です。

レッスン８
フィードバック
――ＩメッセージとＹｏｕメッセージ

フィードバックという言葉は日常でもよく使われますが、コーチングにおいては、聴くこと、質問することと並んで大変重要な働きかけのひとつとされています。

フィードバックはもともと電子工学の領域で使用されている言葉で、電気回路で出力の一部を入力側に戻して、出力を増大または減少させることを指します。それによって望ましい状態と、現状の差を修正できます。冷暖房機器の自動調節機能がわかりやすい例ですが、これを人間に置き換えると、体内の恒常性を保つための機能となります。望ましい状態を保つために制御、調節するフィードバックは、正式にはネガティブ・フィードバック（負帰還）で、逆に増幅させる方向に働かせることを、ポジティブ・フィードバック（正帰還）といいます。

コーチングにおけるフィードバックは、その強度にいくつかのレベルがあります。一つ目は、相手の話を聞く中で感じた印象や感想を会話の中にはさんだり、前述の非言語的なメッセージに気づいてそれを伝えるもので、比較的強度は低く、アクティブリスニングの領域に属するといってもいいでしょう。二つ目は、話を聴いていて感じたことや思ったことを正直に伝えるといった、ここまでのエクササイズの中ですでに実践してきたフィードバックです。これが通常のコーチングで用いられるレベルのフィードバックです。三つ目は、上司と部下、先生と生徒といった権威や役割が介在し、評価や査定との関連がある場合で、もっとも強度の強いレベルのフィードバックとなります。

ここで大事なのは、そのフィードバックが「何に向けて」されているのかです。一つ目のレベルのフィードバックは、主に対話（会話）を促進させることを目的とし、相手への理解や、相手が今の自分の状態に気づく手助けになります。二つ目のレベルでは、相手が望んでいる方向に向けての軌道修正や行動促進に用いられます。三つ目は評価とその後の処遇を目的としており、正確にはフィードバックの領域を超えているようにも思いますが、多くの企業では、評価後や査定後に結果を伝えることを「フィードバック面談」と呼んでいるようです。

ここでは、評価や査定を下す前に、目標に向けて最高のパフォーマンスを発揮してもらうために継続的に行なわれる、二つ目のレベルのフィードバックを扱います。

コーチングや1 on 1の場面でのフィードバックは、共通の目的、あるいは本人がめざすゴールに向けて行ないます。たとえば、顧客獲得という共通の目的を持っているチームが、顧客に向けたプレゼンテーションで用いるために作成した資料や発表の仕方に対して、上司からフィードバックがあることはごく自然な行為です。勝利をめざすアスリートたちとコーチとの間にフィードバックが何もない、ということも考えられません。このように、めざすものが明確で、かつそのメッセージが役に立つという信頼関係のうえに成り立っているときに、フィードバックは機能します。

反面、目的の共有化が希薄、あるいは部下のめざしていることを把握せずに、上司の独善的な判断で「きみのためを思って行なっているのだ」といった形でなされるフィードバックは、機能しないばかりか、信頼関係構築の障害になるでしょう。

フィードバックをする際は、伝え方にも留意が必要です。目的が共有されていても、伝え方が悪いと、相手はそのメッセージを受け取らないばかりか、モチベーションダウン、場合によってはメンタル面でのダメージを受ける可能性もあります。

たとえば次のケースを考えてみましょう。

・起こった事柄や事実ではなく、相手の人格を否定するような言い方
「また、先方からクレームだ。きみはもうこの会社にいる価値はない」
・行動変容が不可能なことを要求する言い方
「また、先方からクレームだ。時間を戻してやり直してこい」
・一つの事実を一般化させてしまっている言い方
「またかよ、きみのやることはいつもクレームにつながる」
・言っていることがあいまいで、感情的、感覚的な言い方
「またいろいろ届いているよ。そういうのは嫌いなんだよね、うんざりだ」

いずれも、事実をそのまま伝えるのではなく、そこに上司の感情や指示、命令が含まれています。

効果的なフィードバックとするには、「人格ではなく、起こった事柄や事実に対して」「対象者の行動変容が可能なことについて」「事実、根拠に基づいた内容を」「具体的に、わかりやすく伝える」点を意識することが大切です。すなわち、まず「事実を伝える」、そのうえで「自分の主観を伝える」と分けるのです。

具体的な例で考えてみましょう。

まず事実を伝えます。

「先方から二回目のクレームがきた。それは、きみのレスポンスが一週間なかったことを不満に思っているという内容だ」

それに対して、あなたの主観を伝えます。

「とても残念だが、先方のお怒りももっともだと思う」

ここまでがフィードバックです。その後、さらにどう展開するかには、いくつかの選択肢があります。

・この件について、きみはどう思っているのか？（質問）
・この後、直接行って、謝罪するのはどうだろう（提案）
・まずは、すぐ先方に連絡を取ってほしい（要望）
・すぐに先方に連絡し、謝罪しろ（命令）

これらをどのように組み合わせて伝えるかです。それによって部下のモチベーションも大きく変化します。

ところで、今回の例のように、まず起こった事実を伝えたり、自分が見たり聞いたりしたことを伝えるフィードバックは、「客観的フィードバック」と呼ばれます。具体的には、

図表4　フィードバックの種類と活用法

伝え方	使用場面	使用例
I（私）メッセージ	自分が感じたことや、思ったことなど、主観を伝えるとき	「あなたがいたことで私はとても心強かった」「私は今、少し退屈しています」
You（あなた）メッセージ	客観的に観察したことや、聴き取ったことなど、事実を伝えるとき	「あなたはずっと相手の目を見て話していた」「あなたは3回同じ話を繰り返している」
両方を組み合わせた伝え方	主観的なフィードバックの根拠や理由を相手に理解してもらいたいとき	「あなたは、さっきから3回ほど同じ話を繰り返しているので、私は少し退屈しています」

「先ほどから、ずっと資料を見たままで、私とは目が合いませんね」

「あなたは、ここまで、「しなければいけない」という言葉を三回言いました」

といった表現になります。この伝え方は、「あなた」が主語になっているので、「あなたメッセージ」もしくは「Ｙｏｕメッセージ」と呼ばれます。

それに対して、自分の思ったことや感じたことが入るフィードバックは「主観的フィードバック」と呼ばれ、主語を「私」にして伝えることがポイントです。

「私は、あなたが緊張しているように見えます」

「お話を伺っていると、私は少し息が詰まる感じになっています」

この伝え方は、「私メッセージ」もしくは「Ｉメッセージ」と呼ばれ、相手から伝わってくるものが自分にどう影響しているのか、という自分の状態を話す伝え方です。この伝え方で「主観的フィードバック」を行なうなら、相手からの反発は受けにくくなりますが、同じことを、「きみは緊張している」「あなたは堅苦しい」といった「Ｙｏｕメッセージ」で表現してしまうと、それは相手に対する決めつけとなり、抵抗感を生み出しやすくなるので要注意です。

◆エクササイズの進め方

フィードバックのエクササイズですので、最初に「何に向けて」フィードバックするのか目的を明確にしましょう。ここでは「今年一年の目標をつくる」を目的とします。

Ａさんは、「今年一年の目標」について話してください。ビジネスでもプライベートでもかまいません。Ｂさんは、アクティブリスニングを心がけてＡさんの話を聴きます。途中で不明点などがあった場合は質問してかまいませんが、自分の意見や助言などはしません。

３分経ったら、Ａさんは話を止めます。Ｂさんは「では、ここまでＡさんの今年の目標の話を聴いて感じたこと（思ったこと、気づいたこと）を話していいですか？」と一言入れてから（ここでAさんは、「ぜひ！」と返してください）フィードバックを伝えます。その際、Aさんの発言や表情、しぐさなど、客観的に見えていたこと、聞こえてきたこと（客観的フィードバック）と、自分が主観的に感じたことや思ったこと（主観的フィードバック）を共に伝えます。また、主観的フィードバックは、「私」を主語にしたIメッセージとすることを忘れないでください。たとえば次のとおりです。

「Aさんは、プライベートな目標を話している間は、私とアイコンタクトをしながら、笑顔で話していましたが、後半の仕事の目標になると、視線が合わなくなり、前半に比べて声も小さくなりました（客観的フィードバック）。前半は私も楽しくなりましたが、後半は少し不安な気持ちになりました、迷っているようにも見えました（主観的フィードバック）」

このBさんのフィードバックを受けて、Aさんは、どう思ったか、感じたかを伝えます。ここまででワンセットです。次にAさん、Bさんの役割を交代して、Bさんは一年後の目標について話をし、3分後にAさんからフィードバックをします。

◆振り返りと応用

このエクササイズをやってみて思ったことや感じたことを二人で自由に話し合います。

特に、相手からのフィードバックに対して、その伝え方や内容を改善したほうがよいと思った場合はリクエストしてください。リクエストもＩメッセージで伝えます。一例をあげると、次のとおりです。

「〇〇さんからのフィードバックは、全体的に長くて、回りくどく私には感じられました（主観的フィードバック）。単刀直入に結論から言ってほしかったです（リクエスト）」

なお、フィードバックを受け入れるかどうかは自分で選択します。選択の自由がないものは命令であってフィードバックではありません。フィードバックをしてくれたことには感謝を示しつつ、それでも自分のやり方を貫くという選択が常に残されていることは忘れないでください。ただし、それを続けると、だれもフィードバックをしようとは思わなくなることは、いうまでもありません。

コラム2 スイッチをつくる

コーチングや1 on 1を始めたばかりの方から最初の壁として報告されるのが「相手の話を最後まで聴けない」ということです。最初は頑張って「聴く」体勢から入るものの、相手の話が回りくどかったり、話の先が見えたとたんに「要するに…」「つまり…」と自分が話を取ってしまったという悩みをよく聞きます。

私も、コーチとして相手の話を聴いているときは集中できていても、プライベートな場面ではふっと意識が抜けていることがよくあります。特に好きなテレビを見ていたり、考え事をしていたりするときに妻に話しかけられても、十中八九うわの空で聞き流しているそうです。

いつでもどこでも、だれの話でも、ずっと聴いていることは無理なので、部下の話を聴く際は、これから5分、10分、できれば30分は聴くぞ、と切り替えられるスイッチを具体的に設けてください。

以下は、私のクライアントが考案した、グッドリスナーになるための切り替えスイッチ例です。

・1on1の際は、いつもは左にしている腕時計を右にすることで、聴く意識を高める
・いつもと違う眼鏡をかける。その瞬間は上司から「コーチ」に変身する
・会社のＩＤカードを入れているストラップを外して、机の上におく。ケースの裏には「Listen!」の文字を入れておく
・コーチングが終わったら毎回、「あなたと私、何対何の割合で話していた?」と聞く
・1on1の時間内は、質問以外で自分が話すのは一回だけ、その際も一回3分までと決めて、スマートフォンのタイマーを作動してから話し始める

いかがでしょうか。これらを参考に、自分らしいアイデアや工夫を考案してみてください。

第3章

問いかける

問いには力があります。問いによって人は考え、行動します。同時に、問いによって人は混乱し、怯えることもあります。本章では、何のために問いかけるのか、どのように問いかけるのかのレッスンを行なっていきます。

レッスン9

相手を理解するために問いかける

コーチングを学ぶ多くの人が「質問力を高めたい」「質問のレパートリーを広げたい」と考えています。テキストでも、コーチングや1 on 1のキーになるスキルは「質問」であり、「教えるのではなく、質問することこそコーチングの特徴」と伝えています。

ここで注意したいのが、「何のために質問をするのか」、その目的です。私のクライアントからこんな発言がありました。

「上司がしてくる質問は、すでに自分に答えがあって、それに行きつかせるための質問ばかり。その考えと違うことを言うと、首をかしげ、「そうかな?」といった反応で、上司の考える正解にたどり着くまでしつこく質問してきます。これって、うんざり!」

同様の話はよく耳にします。この点については、とりわけ上司・部下間の1 on 1で頻発していますので、要注意です。対話における「問いかけ」は、正解のないテーマについて、「共に考える」ことが基本です。上司の持っている「正解」を言い当てる、いわばクイズのための質問と区別するために、本書ではあえて「問いかけ」という表現を用いています。「問い質《ただ》す」を意味する「質問」からは、「詰め寄られる」「責められる」「直される」などのニュアンスも伝わってきます。上司から1 on 1の場で毎回、「問い質される」のであれば、うんざりする気持ちになるのは当然です。

質問者は、自分のしている質問が、「詰問」や「誘導尋問」になっていないか、まず自身に問い質す必要があります。そのうえで、コーチングや1 on 1では、何を目的に問いかけるかを考えます。

問いかける目的は、「相手を理解すること」に尽きます。気づきや視点の変化は、相手を「理解しよう」として問いかけるプロセスの中で「起こる」のであって、上司やコーチがそれを「起こさせる」ものではありません。問いかけは、英語では「Question」です。この言葉は冒険、探究という意味の「Quest」と同じ語源から派生しています。コーチングや1 on 1における問いかけが、自分たちにとっての冒険であり、探究であると考えると、なにやらワクワクとしてきます。

対話は、もともとお互いの「違い」を理解しようとするところから始まります。一番よく知っているはずの自分自身のこともわからないことだらけですから、自分自身との対話も成立するわけです。ましてや、目の前にいる人についてはわからないことばかりではないでしょうか。

「わかっているつもり」あるいは「わかり急ぐこと」を脇において、あらためて自らの好奇心と興味を発動させると、問いは自然にわき起こってきます。もちろん、好奇心と興味だけで、矢継ぎ早に質問を繰り出すのも失礼な話です。相手の状況や性格も踏まえて、「どこまで尋ねていいのか」の同意をとりながら、問いかけるのがエチケットです。

相手を「理解する」ために使う問いかけは、一般的には「オープン・クエスチョン」と呼ばれ、いわゆる5W1Hの疑問詞を使います。

・きょうは、これから何を話したいですか（What）
・どうして、その話題について話したいのですか（Why）
・どのように、話を進めたらよいですか（How）
・いつから、そのことが気になっていますか（When）
・どこで、起こっていることですか（Where）
・だれが、この話題の関係者ですか（Who）

図表5　問いかけの種類と活用法

種類	特徴	活用場面	活用例
クローズド・クエスチョン	「はい」か「いいえ」「AかBかCか」など選択回答となる	相手に確認を取るとき 決断や選択を迫るとき 正解を求めるとき	「今すぐそれに取りかかりますか?」 「山と海どちらが好きですか?」
オープン・クエスチョン	5W1Hの疑問詞を使って問われるので、自由回答となる	相手の意見や考えを自由に話してもらうとき さらにその考えを広げたり、深めたり、具体化したりするとき	「まず何から取りかかりますか?」 「山を選んだ理由は?どんなところに魅力を感じますか?」

一方、クローズド・クエスチョンは、

・きょうは、クレーム対応について話すということでいいですか

・まず、現状から聞いていていいですか

・原因は明確ですか

・顧客は男性ですか

など、基本的には相手が「はい／いいえ」で答えられる選択型問いかけです。

両者を見比べるとわかるように、オープン・クエスチョンが、相手が自由に回答できるのに対して、クローズド・クエスチョンは選択肢が用意されています。もちろん、クローズド・クエスチョンで「原因は明確ですか」と問われても、「いくつかの原因はわかっていますが、まだ詳しいことは…」のように自由に話すことは可能ですが、質問者からは、「それで結局、YESなのかNO

なのか」などと再確認されてしまうこともあります。それは、クローズド・クエスチョンの主な目的が、質問者側が知りたい点を確認することだからです。

実際の対話の中では、質問の前に同意をとったり、内容の理解を確認したりするときにはクローズド・クエスチョンが使われますが、それ以外では、主にオープン・クエスチョンを中心に問いかけたほうが話が広がります。クローズド・クエスチョンには、質問者側が仮説を立ててそれを検証（確認）する要素が含まれるので、続けざまにされると、誘導尋問されているような気になる可能性があるからです。

◆エクササイズの進め方

セルフインベントリー・シートの質問項目を参考に、相手について知りたいこと、聴いてみたいことをリストアップします（2分）。その際、必ず一つは、セルフインベントリー・シートの項目にはない質問を自分で考えて用意します。

まず、Aさんが聴き手になって、Bさんの知りたいことを問いかけます。その際、「Bさんについて、知りたいことがあるので、これからいくつか質問してもいいですか？もちろん答えたくない問いに対しては、答えなくても結構です」

と、まず質問することの目的を伝え、相手の許可を得ます。また、答えたくないことに関しては、答えなくてもよい旨を伝えます。

Aさんの問いかけに対し、Bさんが答えます。時間は10分です。その際、Aさんは矢継ぎ早に一方的に質問をするのではなく、前章のアクティブリスニングを意識し、十分に聴いたうえで、別の質問に移ります。特に以下の三点には気をつけましょう。

・相槌、うなずき、言葉の繰り返しなど「聴いている」サインを送る
・よくわからない言葉や抽象度の高い言葉は、自分がわかるように説明してもらう
・言葉以外のメッセージにも気を配る

10分経ったらBさんは、Aさんの問いかけや聴く姿勢に関して、良かったと思った点や改善が必要な点などを正直にフィードバックします（1分）。フィードバックを受け取ったAさんは、やってみて思ったことや感じたことを伝えます（1分）。相互に伝え終わったら、役割を交代します。

◆振り返りと応用

エクササイズを行なう前に比べて、お互いの理解はどの程度深まったのかを話し合って

みましょう。知ることができてよかったこと、相手に対する印象が変わった点などを共有します。

また、「ほかにどんなことについて知りたいと思ったか」を意見交換し、その中から一つのテーマを選んで、さらに一歩お互いの理解を深めてみてください。

応用編としては、各自が身近な人を一人思い浮かべて、知りたいけれど知らない項目をリストアップし、一週間以内に実際に聞いてみます。自分の思いこみや先入観が明らかになり、相手の意外な側面を知ることができますので、有意義なエクササイズになるはずです。

レッスン10 相手の視点を増やし、視野を広げる

実際のコーチングや1on1では、目標や課題に向けてどのように取り組むかを、コーチや上司が「相談に乗る」ことがほとんどだと思います。そして「相談に乗る」とはすなわち「アドバイスする」ことであるというのがこれまでの常識でした。それに対して「アドバイスはしない」というのが、コーチングの基本的なスタンスです。「問いかけ」が機能すれば、アドバイスなしで、相手が自分で答えを見出し、行動を起こすことが可能になります。

コーチングや1on1が必ずしも「上司から部下に行なうもの」にこだわらなくてもよい理由が、ここにあります。私たちエグゼクティブ・コーチが自分の専門外のことに関してコーチングができたり、会社経営の経験がなくても、社長や経営者のコーチングが可能になるゆえんです。そして、その際に役に立つのが「相手の視点を増やす」ための問いかけ

です。「視点を変える」「視野を広げる」「視座を上げる」ための問いかけといってもいいでしょう。

日頃から部下に、「視野を広げなさい、視座を上げなさい」と繰り返し言っていても、そのような「指示」や「アドバイス」では、人は動きません。大事なのは、結果としてそのような行動をとるための「問いかけ」ができるかです。指示やアドバイスは比較的簡単です。「視点を変えなさい」「主体的に動きなさい」「日々感謝しなさい」と言われれば、多くの人は「はい、おっしゃるとおりです」と返事をします。しかし行動を変えることになるであろう「正しい答え」を示すだけでは、その後の行動は、これまでとさほど変わりません。

「一緒に考えてみよう」という誘《いざな》いが、居心地のいいところから少し離れて、別のところからも見てみよう、という力づけになるのです。そのために必要なのは、「視点が変わる」「主体的な立場で考える」「感謝の気持ちが起こる」体験であり、それを可能にするかかわりです。「問いかけ」には、その力があります。

では、視点を増やすためには、どのように「問い」をつくっていったらいいでしょうか。ここでキーになるのが、５Ｗ１Ｈの中の三つの疑問詞「When」「Where」「Who」です。別の言い方をすると、「時間」「場所」「人」です。今、どのような見方をして話しているのか、それは別の視点からだと何が見えてくるのかを問いかける、ということです。

たとえば、「時間」に関して、過去の出来事に視点が集まりがちな人には、「五年後は、どうなっているでしょうか？」といった未来をイメージする問いかけ。逆にこれから先の心配ばかりしている人には、「これまで、どのように乗り越えてきたのですか」など、過去の経験に目を向けさせる問いかけや、「今、すぐにできることは何でしょうか」といった、現在に意識を向ける問いかけです。

「場所」の場合は、少し概念的になりますが、目の前の細かいことばかり気にしている人には、「目の前の問題から少し離れて、距離をおいてみると、どのように見えるでしょうか」「ドローンでの撮影のように、上のほうから眺めてみたら、自分がどのように見えるでしょうか」といった俯瞰のための問いかけが有効です。逆に、常に距離をとって傍観者的な立場にいる人には、「その輪の中に入って、当事者の一員となったときに、どんな気持ちが起こってくるでしょうか」などの問いもあります。

「人」に関しては、「相手の立場に立って考えてみると、この状況はどのように見えるでしょう」などの問いかけです。これは、普段からやっていることが多いかもしれません。

私たちは、いまある自分の「立場」や「役割」と一体化していることが多いので、そこからいったん離れてみることが、新しい視点を持つことに役立ちます。たとえば上司の立場で、あるいは部下、顧客、親、子ども、ベテラン、新人の立場でなど、経験していなくても、その気持ちや考え方を想像することは可能です。ところが「相手の立場に立って考えなさい」と言われると、「そんなこと、わかっていますよ」と、想像力を働かせる前に反発したくなります。

大事なのは、その場で「別の人の立場に立ってみる」体験であり、そこに誘う問いかけです。そのためには、お互いの間に、安心感や信頼感があることが前提になります。

「視点を増やす」ためには、相手の考えやアイデアに対して「ほかにありますか」と問いかけることも効果的です。ただし、その言い方やタイミングに注意をしないと、その前の意見やアイデアが否定されたと受け取られかねません。一つひとつの意見やアイデアを十分受け止めたうえで、「まずは全部、机上に並べてみましょう」というニュアンスを持って「ほかには?」と問いかけることができるかが肝になります。

◆エクササイズの進め方

まず、自分が相談に乗ってほしいことや、頭の中の整理したいことなどをいくつか書き出します。これは、Aさん、Bさんとも行ないます。

最初は、Aさんが話し手になって、書き出したものの中から一つを選んで、Bさんにその内容を伝えます。Bさんは、基本的には聴いていますが、話の内容を理解するための質問は遠慮なくしてください。それ以外は、自分の体験を話したりはせず、アドバイスやフィードバックもしません。アクティブリスニングを実践します。そして、十分に聴いたなと思った時点で、「それを別の視点で考えてみませんか」と提案します。

Aさんは、よければ同意し、もう少し話し足りないことがあれば、それを話したうえで、その提案を受け入れてください。

Bさんは、提案が受け入れられたら、前述の三つの観点（時間、場所、人）の中から、どれか一つを選んで、今と別の観点から見たときに、どんなことを思うか、感じるか、について問いかけます。

Aさんは、その問いかけに応じて、思っていることや感じていることを話します。Aさんが話す時間は10分程度が目安ですが、必要に応じて前後してもかまいません。

時間になったら、Aさんは、別の視点から話してみて気づいたことや感じたことを話します。Bさんは聴き手をやってみて気づいたことや感じたことを伝えます。

次に役割を交代して、Bさんが話し手、Aさんが聴き手になって、同じエクササイズを実施します。

◆振り返りと応用

話し手になった人は、聴き手が自分の話を聴いているときの表情やしぐさにも注目してください。また、別の視点で考えることを促されたときに、素直にその視点で考えようと思ったか、それとも何らかの抵抗感があったか、それはどのような要素からそう思ったのか、などに意識を向けて相手にフィードバックします。

このエクササイズの応用編として、相手の相談事に対して、時間、場所、人の視点を順番に三つとも変化させてみた場合に、それぞれどのような問いかけになるのかを考え、実際に問いかけてみます。そのうえで、どの視点を変化させるともっとも機能するのかをお互いに共有します。

レッスン11 行動変容を促す

コーチングの目的は「行動変容」です。たとえ、対話の場面で気づきがあったり、目からうろこのような体験があったとしても、それがその後の行動の変化に結びつかなければ成果は生み出せません。1on1の中でコーチングをする場合でも、めざしたいこと、実現したいこと、すなわち目標を設定し、それに向けて相手が自発的行動を起こすために問いかけをします。以下では、そのために有効な問いかけがどのようなものかを、5W1Hのオープン・クエスチョンをベースに考えていきます。

行動の決定に用いる「What」は、（目標達成のために）「何をしますか」という質問をベースに展開します。初動について聞きたければ「まず」「最初に」「最初の一歩として」「今すぐ」などの副詞をつけ、ちょっとしたジャンプアップを促したいときは、「思い切って」「チャレンジとして」「試しに」といった言葉を添えます。

実際の行動を決定する前であれば、可能性を棚卸しできるように「何ができますか」という表現で問いかけます。（やるかやらないかは別として）「できることは何ですか」という問いによって、行動のラインアップを並べてもらうのも効果的です。この場合は「ほかにありますか」「ほかには何が考えられますか？」とあわせて用います。

行動のラインアップを並べてみる作業は、視点を増やすことともつながりますので、「もし、社長だとしたら何をしますか？」「もし、すべてがうまくいくとしたら何をしますか？」「もし、顧客の立場だったら、何をしてほしいですか？」など、「もし、〜としたら」と、さまざまな視点から問いかけると、さらに効果的です。

「Why」は、行動の目的や背景を明確にすることで、行動を起こす動機づけをしたいときに使います。また、行動のラインアップがたくさん出たとしても、もともとの狙いや目的とずれてしまっている可能性もありますので、これを検証するような役割も持っています。

（その行動は）「なぜ、やるのですか？」という質問がベースになりますが、「なぜ」「どうして」という問いは、ほぼ同じ意味を持つ「何のために」「何を目的に」という問いも含めて、言い方に細心の注意が必要です。これらの問いは、相手との関係性や、その人の言い方、表情しだいでは、「やってもムダではないか」「やる理由がわからない」といった何か責められている、否定されているようなニュアンスを含み、それが伝わりかねないからです。

これを避けるには、ニュートラルに、あるいはむしろ高い興味、関心を示す眼差しと口調で「なぜ、それをやろうと思ったのですか」「背景には何がありますか」「どのような理由でそれを選択しましたか」など、相手の動機を探索する姿勢で尋ねることが大事です。

「How」は、行動を促す中心的存在の疑問詞です。うまく目標に向かって進むように「どのように行ないますか」をベースとする質問であり、行動をより具体的にするために、そしてより成果が上がる行動にするよう、「When」「Where」「Who」とセットで使います。たとえば、「どのようなことを配慮する必要がありますか」「それは、いつ始めますか」「いつまでに終えますか」「だれがキーパーソンですか」「どこの部署から始めますか」「だれの協力が求められますか」「どのくらいの費用がかかりますか」などと用います。

もちろん行動を起こすことには常にリスクがともないます。コーチングの際にはやってみようと思っても、いざ行動を起こす段階で躊躇したり、忙しさにかまけて先送りにしたり、ということはよくあります。そこで、それが予想できそうな場合は、あらかじめ対策を練っておくことも重要です。その場合は、先述の「もし、～としたら」を使いながらシミュレーションしておきます。一例をあげると、以下のとおりです。

「行動を起こそうとするときに障害となることはどんなことですか」「もし、思った以上に仕事が立てこんできてしまったらどうしますか」「協力者と見込んでいた人から協力が得られなかった場合、次の手はどうしますか」

また、実際にロールプレイをして、行動を起こす際の練習をするのもおすすめです。「では、私をお得意先だと思って、商品の説明をしてみてください。その際、意識を向けるべきはどんな点ですか」「○○さんにはっきりと要望するには、どんな態度で臨みますか。それを、ここでやってみませんか」

◆エクササイズの進め方

あらかじめ、自分がやろうと思ってやっていないことを書き出します。

最初はAさんが話し手になって、書き出したものの中から、ぜひ近々やってみよう、取り組もうと思っているものを一つ選んで、Bさんにその内容を伝えます。

Bさんは、前述した5W1Hの質問を参考に、Aさんの行動が実際に起こるようにコーチングします。その際、Bさんはアドバイスを入れたり、自分の体験を話したり、フィードバックをしたり、ということはしません。アクティブリスニングと問いかけだけを使って、実際にその行動を起こしているイメージをAさんが持てるようにサポートします。

問いかけの参考例としては、「それを実行することで、何が手に入りますか」「やろうと思っていながら、やっていなかった一番の理由は何ですか」「だれの、どんなサポートがあると、それは実行に移せますか」「まず、何から始めますか」などがあげられます。

10分経ったらAさんは、Bさんの問いかけによって、どの程度そのことを実行する気になっているか、何が機能したか、もっと機能させるには何が必要か、などを中心にBさんにフィードバックをします。Bさんは、コーチ役をやってみての感想を伝えます。

その後、Aさん、Bさんが役割を交代して同じエクササイズを行ないます。

◆振り返りと応用

両方の役割を体験したら、このプロセスで学べたことや、気づいたことを二人で共有します。

時間があれば、エクササイズでのフィードバックを受けて、続けてもう一度、同じことを繰り返してみるのもおすすめです。特に、焦点を当ててほしかった部分がずれていた場合は、そこに焦点を当てたバージョンで試してみるといいでしょう。

実際のコーチングの場面でもよくあることですが、話し手が本来話したいことが話せているかどうかを途中で確認し、焦点を当てたいことがずれていた場合は、そこから話の方向を修正します。この手法は「メタ・コミュニケーション」というもので、本書のレッスン15で取り扱います。

レッスン12 共に考えるために問いを創る

昨今の働き方改革とともに、業務上のムダを排除するための見直しがいろいろなされている中で、よく話題に上がるのが、「会議の効率化」です。各地から集合させて行なっていた会議をＷｅｂやＴＶ会議にしたり、報告や承認が目的で会議体の形式をとる必要がなければグループウェアの活用といった別の手段に転換したり、会議は開催するにしても事前に必ずアジェンダを関係者に周知し案件ごとの時間枠を明確にしたり、さらには座らずに立って会議をするなど、いろいろな工夫がなされています。

私のクライアントのＷさんは、創業五十年を迎えるメーカーの経営企画部長で、まさに業務効率化の旗振り役です。以前から会議の頻度、時間ともに見直す必要は認識しつつも、いい手が打てずにいました。そんな中、Ｗさんが部下とのブレーンストーミングを通して考え出したのが、会議の議題をすべて疑問形にするという方法です。疑問形にならない議題は、検討が必要なものではなく「報告」の範疇に入ると判断して、社内メールなどを通して周知することを試みました。そして試行期間には、すべての会議の主催者は会議室を押さえる際に、経営企画部にその議題についてチェックを受けることとしました。

たとえば、「新商品の開発プロジェクトについて」といった議題で登録すると、経営企画部から「新商品の開発プロジェクトについて、議論する項目を一つひとつ具体的にして、それを疑問形にしてください」というメールが登録者に入ります。そして、「新商品の開発プロジェクトについて、①進捗の遅れをいかに回復させるか？　②スケジュールの見直しが必要か？　③必要であれば、どのような案があるか？」くらいまで落としこめていると許可が出るというものです。

当初は面倒だ、管理しすぎだ、などの批判も多かったのですが、試行後の三ヵ月間と、それ以前の三ヵ月を比較した結果、会議数で三五％減。会議時間総数で四八％減となりました。内容も、それまでは会議の場で初めて何を検討するのかがわかるといったものが半数近くあったのに対して、試行後は事前に検討したうえで会議に臨む姿勢が定着しました。

もう一つ大きな成果がありました。それは社員の中で「問いを立てる」という習慣が身についたことです。Wさんはそれを次のように語っています。

「社員は会議を開こうとすると、必ず疑問形にして事前告知しなくてはいけません。当初は稚拙な問いが多く、本当にこの問いでいいの？　と何度も突き返していました。それは本当に嫌がられて、この業務こそ非効率だと非難されました（笑）。ただ、それを繰り返しているうちに、業務上の課題を解決するためにどのような問いを創る必要があるのか、という相互学習が進み、その結果、一つひとつの課題解決スピードが増していきました。あるマネジャーは、部下から相談を受けるときに、その内容があいまいだったりすると「もっともはっきりさせたい点を疑問形にすると？」なんて言っていますよ」

アルバート・アインシュタインは、「あなたが死にそうな状況になって、助かる方法を考えるのに1時間あるとしたら、どんなことをしますか？」という質問に対して、「最初の55分間は、適切な質問を探すのに費やすだろう」と答えたそうです。

対話の中心にあるのが「問い」です。問いの質が、その後の対話を有意義なものにするかどうかに影響します。とすると、「その問いを何にするのか」についても対話しなくてはいけません。何やらややこしい話になってきましたが、「問い」を創り出す習慣を身につけるための練習が本レッスンでのエクササイズです。

◆エクササイズの進め方

まず、エクササイズの準備として、自分が所属する組織やグループ、チームなど（職場に限らず、趣味のグループや家庭などでもかまいません）の文化、雰囲気、人間関係などで、「もっとこうしたい」と思っていることを書き出します。たとえば

・会社の各部門が連携、協力し合って、新しいアイデアが生み出せる会社にしたい
・目標達成に向けて、お互いに遠慮せずにフィードバックし合えるチームにしたい
・感謝の言葉や挨拶が自然に交わされているコミュニティをつくりたい

などです。その中から一つを選び、疑問形に書き直します。

「会社の各部門が連携、協力し合って、新しいアイデアが生み出せる会社にするにはどうしたらいいか？」

この大本の問いを「プライマリー・クエスチョン」と呼びます。

ここまでの準備ができたら、Aさん、Bさんを決めて、Aさんがプライマリー・クエスチョンをBさんに提示して、新しいアイデアを導き出すために、どのような問いがさらに考えられるかを二人でリストアップします。リストアップにあたっては、交互に一つずつ問いを発表し、書き留めていきます。一つひとつの内容や、アイデアの有効性は後ほど検

討することにして、まずは思いつく限りの問いを書き出します。本章で学んできた問いに関する総復習のつもりで、５Ｗ１Ｈ、あるいは視点を増やす問い、行動を起こす問いなど、あらゆる角度から問いを創り出してください。

リストアップ時間は10分を目安としますが、いきなり交互に出し合うのがむずかしく感じられる場合は、最初の３分を各自で考えて書き出す時間に充てます。また、時間的に余裕があれば、両者からの問いが出尽くすまで続けてもかまいません。

以下はリストアップ例です。

・新しいアイデアが生み出せる会社になると、どんないいことがあるか？
・新しいアイデアを生み出すために、なぜ各部門の連携・協力が必要か？
・何が、各部門の連携、協力を阻んでいるか？
・これまで、各部門の連携、協力によって、生まれたアイデアにはどんなものがあるのか？
・この活動の指揮をとるリーダーには、だれが適役か？
・連携に協力的な部署はどこか？　そうでない部署はどこか？
・いつまでに、どのようなアイデアが生まれるといいのか？

・この変化によって会社にもたらされる利益は何か？
・新しいアイデアを生み出すために、各部門の連携、協力以外に重要なことは何か？
・私自身がまずできることは何か？

時間がきたら、リストアップのエクササイズをやめて、Aさんは、それらの問いの中で、特に機能すると思われた問いを三つ選び、その理由をBさんに伝えます。

次に役割を交代して、Bさんが用意したプライマリー・クエスチョンをAさんと共有し、同様のエクササイズを実施します。

◆振り返りと応用

二人で創った問いのリストを眺めながら、各自がどういう傾向があるのかを振り返ってみます。具体的には、オープン・クエスチョンと、クローズド・クエスチョンのバランス、５Ｗ１Ｈの疑問詞の中で、どの疑問詞がどれくらい使われたか、あるいはどのような視点に立っていることが多く、逆にどのような視点が不足しているかなど、自分のパターンが見えてくることで、どの領域の問いのレパートリーを広げればよいかが明確になります。

さらに、創った問いを実際に問いかけてみると、かなり質の高い「コーチング」が始まります。コーチングは通常、クライアント（コーチを受ける人）のプライマリー・クエスチョンに対してコーチが質問を考え、それにクライアントが答える形式で行なわれますが、質問自体を共に考えるというプロセスを入れることで、上司、部下、熟練者、初心者に関係なくコーチングが可能になります。また、お互いの問いの力も強化されますので、自力で問題を解決する際のセルフ・コーチング力の向上にも役立ちます。

コラム3

タクシーの中でのトレーニング

「コーチ」という仕事に職業病のようなものがあるとしたら、「つい話を聴いてしまう」ことがあげられます。たとえばタクシーを利用する際、運転手に話しかけられると、エグゼクティブ・コーチや研修の後などで疲れ果てていて移動先まで寝ていたくても、ついにこやかに返事をして、さらにいろいろと問いかけてしまいます。

運転手がお客さんに話しかけるのは、それによってその人が安全かどうか確認する意味もあるそうです。物騒な世の中、どんな人が乗り込んでくるか、見た目だけで判断がつかない場合、話しかけてみて何らかの返答をしてくれればひとまずは安心できます。お客さんが自分の話をし始めたり、運転手の話を聴いてくれたりする様子があれば十分安心、という話をベテランの運転手から聞きました。

そう言われるとますます、「私は安全だよ」ということをアピールしたくなって、反応よく運転手の話を聞いたり、質問したり、はたまた自分の話をしたりします。

いかにも話好きの運転手だなと思う場合は、こちらも用心して、あまり突っ込まないようにしますが、気をつけなくてはいけないのは、一見無口そうで、実はいろいろ話したいことがたまっているような運転手です。ちょっとしたやり取りから、つい深掘りの質問などをすると、堰を切ったように、自分の生い立ちや親戚の話、趣味の話、さっきまで乗っていたお客さんの話など、延々と話を聴く羽目になってしまいます。

そんなこともあって、ある時からこの機会を対話のトレーニングととらえることにしました。無口な運転手には少しでも多く話してもらうための問いの練習、少し不機嫌そうな運転手にはアクノレッジメント（レッスン16参照）の練習、同じことばかり延々と話し続ける運転手には話題を変える練習、そしてそろそろ聴き疲れてきたときには話を終わらせる練習。

初対面の人と1 on 1で個室にいられるのはなかなか貴重な時間です。

第4章

伝える、振り返る

「話す」ことと「伝える」ことは違います。「伝える」とは、相手が受け取って初めて成立する行為です。本章では、自分が思ったことや感じたことを、相手が受け取りやすいように伝えるレッスンを行なっていきます。

レッスン13
要望する

　前章で取り上げた「問いかけ」は、厳密には「…という問いに答えてほしい」「あなたの考えや想いを聞かせてほしい」という、要望、リクエストをしていることになります。そして、その要望やリクエストを相手が承諾したところから対話は始まります。考えてみると、コミュニケーションは周囲へ要望したいことがあって初めてスタートします。

　私たち人間は、乳児期には主に「泣く」ことを通して周囲（主に親、保育者）へ要望を伝えます。それはまさに自らの生存に欠かせないコミュニケーション行為です。幼児期となると、言葉を用いた要望の伝達も可能となりますが、なかなか表現しづらい内的な欲求は、相変わらず泣いたり、怒ったり、駄々をこねたりしながら表明することになります。

ただ、これらの欲求、要望は常に満たされるわけではありませんから、しだいに「我慢すること」も学びます。

そして大人になった私たちを見渡してみると、「～してほしい」「～してください」「～してくれませんか」と、率直で、気持ちのよい要望伝達ができる人もいれば、すぐに不機嫌になったり、怒ったりと、まるで幼児のような人もいます。一方で、要望することをあきらめ、自分が我慢する傾向が強い人もいます。

私も要望は苦手で、言いたいことがあっても「まあ、いいか」と気持ちを引っ込めたり、我慢したりすることが多々あります。しかし逆に「こうすべきだ」と高圧的なものの言い方をすることもあれば、急に不機嫌になったり、愚痴をこぼしたり、不満を漏らすこともあります。いずれも、本来要望すべき相手に、うまく要望できていないことの表われです。

コーチングをする中においても、話したいテーマを聞くと周囲への不平や不満、愚痴からスタートすることはよくあります。もちろんそのような正直な気持ちの開示は大事なことですが、コーチはずっとその愚痴につき合っているわけではありません。十分に気持ちを受け止めたうえで、「それで、あなたはどうしたいのですか？」と質問します。その言い回しは相手に合わせて異なりますが、「あなたが望んでいることは何か？」「どんな状態をつくり出したいか？」「あなたがしたいことは何か？」「だれに対して、どのような要望があるのか？」などがあげられます。これらの問いに対する回答を言語化したところからコーチングはようやく動き出します。つまり「どこに行きたいのか」その行き先が共有されて初めて、「いつ」「だれと」「どのように」という問いが機能し始めるのです。

ところで、企業のマネジャーを対象とした研修の中で要望の話をすると、「上司からの要望は、まずNOと言えないから指示・命令と同じではないか？」「むしろ中途半端な要望として言われるより、これは命令だ！　と言われたほうが、責任の所在がはっきりして部下は動きやすいのではないか？」などの質問をよく受けます。

確かに、自分の上司から何らかの要望をされたときに、それに対してNOという選択肢はないと考える人は多いかもしれません。一方で、自分の指示・命令に従わない部下に悩んでいるマネジャーも多いことから、それはあくまでお互いの関係性の問題といえそうです。また、あえて命令にしたほうが部下が動きやすくなるのも事実です。いずれにしてもここでのポイントは、どういう場面で、何を目的に要望するのか、ということができます。すなわち、指示や命令を今後は全部、要望にしたほうがいいという話ではなくて、それぞれ使いどころがあるということです。

いわゆる法律やコンプライアンスに触れるような事柄は当然、業務命令として示すべきですが、そのようなルールとは無縁な事柄でも、本人が躊躇していることの背中を押すために、あえて命令形にしている例も見かけます。たとえば、ワーカホリックになりがちな部下に「休みを取りなさい」と命じたり、まだ自信がない部下への仕事のアサインに対して、自分が責任を負うから、というスタンスで担当につくよう指示する、などは指示、命令の意図的な使い方です。一方で、相手からの反発や、ＮＯと言われることを恐れて高圧的に「これは命令だ！」と言うのは、お互いの信頼関係や部下のモチベーションの低下につながる可能性もあります。

では、要望の使いどころとは、どんな場面でしょうか？

一つは、相手の成長に対する期待が大きいときです。そして、その機会を本人の意志でつかんでほしいという想いが強いときです。前述のように、チャレンジを躊躇している部下に、あえて命令という形で背中を押す場合もありますが、本人の決断力や自律性を高めるには、要望、リクエストという形が適切です。もう一つは、自分自身の判断基準や価値観を相手にしっかり理解してほしいときです。法律やコンプライアンスといった基本的なルールはもちろん、自分が許せること／許せないこと、こだわること／こだわらないことは、オープンであったほうが周囲の人はつき合いやすくなります。

たとえば、「会議は遅くとも開始の３分前には席に着いていてほしい」「報告、連絡、相談はまず結論から言ってほしい」「話を聴くときは、キーボードから手を離して聴いてほしい」などです。本人は当たり前と思っていても、他人にとってはそうでないことは山ほどあります。その点を認識し、何も言わずに不機嫌でいるよりは、要望を言葉にして伝えたほうがお互いにとってプラスになります。

◆エクササイズの進め方

エクササイズを始める前に、まず各自が、だれに対して、どのような要望があるか、リストをつくります。仕事上でも、プライベートでもかまいません。ただし、実際にその要望を伝えることが可能な人を対象とします。すでに伝えたものでもかまいませんが、その要望が聞き入れられているなら対象外です。要望がすぐに思いつかなければ、以下の例を参考に、今感じている不平や不満、周囲の人への期待感を書き出し、それを要望形（だれに対して、どのようなリクエストがあるか）に変換してください。

・不満の例…会社の同僚のMさんは、自分でちょっと調べればわかるようなことも、いちいち私に聞いてくるので、こちらの業務に集中できず困っている

↓要望形…Mさんに。わからないことはいったん自分で調べたうえで質問してほしい

・期待の例…部下のTさんは、自分の仕事は堅実にこなしているが、これからは後輩の指導やサポートをしてもらうことも期待している

↓要望形…Tさんに。自分の仕事はしっかりやってくれているので、これからは後輩のサポートも少し任せたい

Aさん、Bさんを決めて、Aさんは、要望リストの中から一つを選んで、だれに対して、どのような要望があるのかをBさんに伝えます。あとでBさんには、この対象の人を演じてもらうロールプレイを行ないますので、要望の対象者との関係、どのような反応をしそうかなどをBさんと共有します。Bさんも、その人になりきれるように積極的に情報を得てください。

情報を伝え終わったら、さっそくその要望をBさんに伝えます。実際に目の前に要望を伝えたいその人がいると思って、いつもの口調で伝えてみます。Bさんは、その人になりきって、すぐには要望を受け入れず、聞き返したり、渋ったり、断わったりしてください。Aさんはめげずに、さらに工夫して、相手に受け取ってもらいやすいよう要望を続けます。

実際にBさんに受け入れられた時点、受け入れられずに煮詰まった時点で終了です。

Bさんは、Aさんの要望について、要望の内容だけではなく、言い方、表情、しぐさな

ど非言語的な印象がどうだったか、伝え方のどんな点が機能したか、あるいはしなかったのかをフィードバックします。特に、要望を素直に受け入れられなかった場合は、どのように伝えるとよかったかを提案してください。Aさんからは、やってみての感想を伝え、役割を交代します。

◆振り返りと応用

このエクササイズは、一度で終わりにせずに、要望の聴き役からのフィードバックや提案を参考にして、続けて何度か要望を繰り返し伝えてみると、言い方についての手ごたえがつかめるでしょう。また、別の対象者の場合はどのように伝えると効果的か、違う例でも練習してみましょう。

エクササイズの応用編は、練習したことを実践してみることです。練習の対象となった人に、いつ、どこで、どのように要望するのか、パートナーと共有します。実際にやってみた後は、その振り返りの時間も持ちます。うまくいった場合はその要因を明らかにし、うまくいかなければ改善点を話し合い、さらなる練習をして再チャレンジしてみます。目の前にいるパートナー本人への要望があるなら、さっそく実践してみましょう。

レッスン14 体験を伝える

私は子どものころ、よく両親から戦争の話を聞かされました。テレビや新聞で戦争関連のことが話題になると必ずといっていいほど、二人とも十代だったその当時の思い出話が始まります。今振り返ると、母の話はよく覚えていて、今でも話を再現できるのに対し、父の話はあまり覚えていません。それは姉も同様で、「お父さんの話は説教じみていて、第一声を聞いたとたんに耳が閉じていた」そうです。

その言葉のとおり、最後は「だから、もっと節約しなくてはいかん」とか「今の子どもたちは恵まれすぎている」といったメッセージに行きつくことが多く、それを話の最初のトーンから聞き取っていて、「またか…」と感じていたのでしょう。一方、母はけっして話がうまいわけではありませんが、体験そのものを話すというか、そのときの気持ちや想いを表情豊かに、時に身体を震わせながら話していました。私たち子どもは、母の話を聴きながら、一緒に悲しくなったり、うれしくなったり、時に気持ち悪くなったり、まさに体験を共にしていたのです。

母がしてくれた話は何十年も前の体験ですが、そのことを話している瞬間の母は、まさにその体験と一緒にいて、それが私たちに伝わっていたのだと思います。そう考えると、「体験を伝える」よりも「体験が伝わる」と表現したほうが一層適切なのかもしれません。「対話」は、一般論や正論を話す場ではありません。一人の人が今日まで見聞きし、感じ、考え、学んできた、まさに体験を伝え合う場といえます。育ってきた環境も文化も異なる中で、また違った考えや想いを共有し合うことで、新しい体験がそこに生まれるのが「対話」の醍醐味です。

そのためには、今自分がどんな体験と共にいるのかに気づいていなければ、言葉とは裏腹に、無意識にその体験にともなう感情が伝わってしまうことがあります。たとえば、相手に対する対抗心が強いと、どことなく相手には「つっかかってくる」印象を与えたり、自分の中の不安が大きいと、逆に平気なふりをして強がっている感じが伝わったりします。そうであるなら、何かを装ったり、取り繕ったりするよりも、今ここにいて感じている、その体験をオープンにするほうが言行一致となって周囲は安心します。

「そんなことをしたら、社会生活が成り立たない」と思う人がいるかもしれません。「この場で怒りをぶちまけたら、それこそコミュニケーションが断たれてしまう」「多少の怒りやイライラがあってもそれを少し我慢しているからこそ、なんとか集団生活も成り立っているのではないか」と感じている方も多いことでしょう。

だからこそ、「対話」の時間にはいくつかのルールが必要なのです。話したことについてはお互いに口外しない。相手に暴力をふるったり攻撃したり、誹謗中傷をしない。言いたくないことを無理に言う必要はない。相手の発言は最後まで聴く。そして、その大前提として、安全で、安心な場所であること、があげられます（本書の冒頭で、対話のレッスンに必要な約束事を取り上げています）。

対話の第一歩は、自分の責任で、今ここで感じていることを正直に言語化してみることです。実際、コーチングや１on１の中では、目標達成や問題解決のためにお互いの体験談を共有することがとても役立ちます。過去の成功事例や失敗事例が、今抱えている問題解決のヒントになったり、将来の目標に進むためのモチベーションになったりするからです。

ところが残念なことに、相手が聴く耳をふさいでしまうような体験談も存在します。自慢話や教訓話、正論などがその代表です。そこで以下に、伝わる体験談にするためのポイントをまとめました。

①前置きは極力省く

長い前置きは聴く人をいらつかせます。「これは絶対役に立つと思うけど…」「すごくおもしろい話があって…」など、必要以上に期待感を持たせるのは自らハードルを上げることになります。

②相手の目を見て話す

自分の意見やアイデアを説明しているときは、しっかりと相手の目を見て話していた人も、体験談を話し始めたとたん、視線が落ちたり、落ち着きがなくなったりすることがあります。自分の世界に入りこむので多少は仕方のないことですが、それが続くとナルシスティックな印象を与えてしまいます。聴き手がどんな気持ちで聴いているかに気を配るためにも、相手の目を見て話すことをおすすめします。アイコンタクトが苦手なら、時々顔を見て話すようにします。

③聴き手が質問や感想をはさめる「間」を設ける

自分の世界に入りこみやすい人の特徴に、間断なく話すということがあります。相手を感じていないので、話の中に相手を参加させず、一方通行のナルシスティックなメッセージになりがちです。

④体験を抑制しすぎない

自らの体験を、今この瞬間の気持ちを込めて話すことができれば、言葉以上のものが伝わります。感情的にならないように、ロジカルにわかりやすくと意識しすぎると、まるで論文の発表のようになりがちです。

⑤無理に結論をまとめようとしない

話をうまくまとめられなくても、無理に言葉にする必要はありません。「要するに私の言いたいことは…」「ここから学んだことは…」などのまとめは、時には必要ですが、聴き手が自由に受け取れる余地を残したほうが、次の対話を生み出すきっかけになります。

◆エクササイズの進め方

セルフインベントリー・シートを参考に、体験談として話してみたいことを三つ用意します。たとえば、「これまで影響を受けた人の話」「仕事で大変だった話」「楽しかった人生のイベント」などがあげられますが、セルフインベントリー・シートにない項目で話してみたい題材があればそれでもかまいません。この時点では内容の詳細は不要です。

それぞれが用意した話のタイトルを共有し、どの話を一番聞いてみたいか、パートナーに選んでもらいます。そして、選ばれたタイトルの体験談について、3分以内で話せるよう、いつ、どこで、だれと、どんな出来事があったのか、それが今の自分にどのように影響しているのか、の枠組みを参考に書き出します。

ここまで準備ができたら、AさんBさんを決めて、Aさんが最初に話し始めます。3分間のタイマーをセットして、なるべくその中で話し終えるようにします。メモを読み上げるのではなく、Bさんとアイコンタクトしながら話すことを心がけてください。Bさんは聴き役に徹して、質問は最小限にとどめます。

Aさんが話し終わったら、BさんはAさんの話からどんなことが伝わってきたか、印象的だったことなどをフィードバックし、Aさんは、話してみて今どんな気持ちかを伝え、交代します。

◆振り返りと応用

二人とも話し終わったら、あらためて振り返りをします。話の内容でよくわからなかった点や、もっと聞きたいことがあれば尋ね、話し方（表情、しぐさ、声の印象、スピードなど）で印象的だった点や気になったことを共有します。時間があれば、二つ目のエピソード、三つ目のエピソードも同様に準備して伝え合います。

応用編として、人前で話す機会がある場合などは、その題材で何を伝えたいのかを明確にしたうえで、実際に立って話してみてフィードバックを受けるのも有効です。また、セールスや上司への報告など、これから何らかのメッセージを伝えたい場面を想定して、何を一番伝えたいか、どんな印象を相手に与えたいかを明確にしたうえで話をし、実際に伝わったことが何かのフィードバックを受ける、などに用いることもできます。

レッスン15

メタ・コミュニケーション

　だれかと話をしている中で、「あれ、これって本題から外れているな?」と感じたり、「自分の発言で相手の人は気分を害していないだろうか」と気になったり、「何の話をしていたんだっけ?」と迷子になった経験は、だれにもあると思います。親しい仲なら「ちょっとずれてるよね」「気分害した?」「何の話?」と確認できますが、相手との関係や話している環境、話の流れなどによっては、違和感を持ちながら会話を進めてしまうこともあります。

　コーチングの中でも、このようなことはよく起きますが、そのような場面でコーチは「メタ・コミュニケーション」という手法を用います。レッスン2で取り上げた「メタ認知」という自分を客観的な視点から眺めてみる方法を自分たちのコミュニケーションに対して行なうこと、すなわち「今、交わしているコミュニケーションについて、二人でコミユニケーションをする」方法です。

具体的には、そこまでの会話の流れをいったん止めて「ここまで話してきて、何か気になる点はないか」「話したいことを話せているか」「このまま、このテーマで続けたほうがいいか、別の話題がいいか」を問うことで、振り返りの時間を持つものです。あるいは気になったことが起こったタイミングで「ちょっといいですか?」「質問があるのですが」などの言葉をかけて、疑問や違和感を感じたことについて話し合うこともあります。いずれにしても話の流れを止めることにもなりますので、会話に水を差すのではと遠慮したり、躊躇したりする人もいるかもしれませんが、対話の中ではとても重要なコミュニケーションと位置づけられています。気になることや違和感があったら、積極的に会話の流れを止めて、メタ・コミュニケーションを行なうことを推奨します。

ただし、発言の最中にいきなりカットインするのはマナー違反です。自分の意見を主張するために「ちょっといいですか?」と入ってくるのもメタ・コミュニケーションではありません。あくまで、これまでのコミュニケーションを俯瞰して、方向性を確認するもので、「知らない街や山の中を歩いているときに一度立ち止まって、地図を確認したり、ペースや周囲の景色を気遣ったりする」イメージです。ちょっとした話の切れ間、小休止が入るようなタイミングで行なうとよいでしょう。

◆エクササイズの進め方

パートナーに話したいこと、聴いてほしい話題を二~三用意します。セルフインベントリー・シートを参考にするほか、最近体験したことや相談に乗ってほしいことなど、なんでもかまいません。

準備ができたらAさん、Bさんを決めて、話し手のAさんはBさんに、どのように聴いてほしいか、要望を伝えます。たとえば、「かしこまらず、フランクな感じで聴いてほしい。気になることがあったら、どのタイミングでも突っ込んでもらってかまわない」「今混乱していることを思いつくままに話すので、いろいろ質問をして、何をしたいのかはっきりさせる手伝いをしてほしい」などとリクエストします。Bさんはリクエストに対する不明点などを確認し、やり取りを経て両者が合意をしたのち、Aさんは話を始めます（10分間）。このやり取り自体が話し手側主導のメタ・コミュニケーションになります。

Bさんは Aさんのリクエストに応じた聴き方を心がけ、中間地点である5分くらい経ったところで、こういう聴き方がAさんのリクエストに合っているかどうか、別のリクエストがないかどうか、などを問いかけて、Aさんからのフィードバックやリクエストを受け取ります。これが聴き手側主導のメタ・コミュニケーションです。

さらに会話を続け、時間になったら終了します。Aさんは、話し終わって今、どんな気持ちか、Bさんは希望どおり聴いてくれたか、どんなことに気づいたか、などを話し、Bさんも聴き手としてどんなことに気づいたかを伝え、役割を交代します。

◆振り返りと応用

エクササイズで気づいたことや感じたことを二人で共有します。

ここまで毎回、エクササイズの振り返りを行なっていますが、振り返りもメタ・コミュニケーションです。これを対話の最中に行なうことで軌道修正をしたり、お互いの求めているコミュニケーションにより近づいたりできますので、会議やミーティングの席で、普段の会話の中で、以下の言葉を用いてメタ・コミュニケーションを取り入れてみましょう。

・ここまで、私の発言はみなさんにどのように伝わっていますか？
・当初の目的に合致した会話になっているでしょうか？
・ここまでの話で、不明な点や質問はありますか？

レッスン16
アクノレッジメントと賞賛

アクノレッジメントとは、コーチング・スキルに関するテキストには「賞賛とは違う。賞賛はあなたの評価。アクノレッジメントは相手の存在を認めること、事実をそのまま伝えて、励まし、つながりを強めること」とあります。私はそれを目にしたときに「褒めるのはダメで、認めるならいいのか」「日本語に訳すなら承認なのか」「でもそれも上からの目線ではないか」「自分としては賞賛されるほうが断然うれしいけれど、何が違うのか」などが想起され、それまでよく口にしていた「すごい！」「さすが！」「すばらしい！」といった言葉を無理に引っ込めて、かえって相手へのリアクションが不自然になった時期もありました。

当然のことですが、私たちが使う言葉は、相手との関係性、そのときの文脈によって意味合いが変わってきますから、この言葉はアクノレッジメント、これは賞賛と分類ができるわけではありません。「感動した」は気持ちが入っているからよくて、「いいんじゃない」はその人のジャッジが入っているからダメ、というものでもありません。好きでもない人に「感動した」と言われるよりも、大好きな人に「いいんじゃない」と言われたほうが、だれしもうれしく感じます。

劇作家の平田オリザさんは、その著書『わかりあえないことから』の中で、明治時代に言語の近代化を早急に行なった結果、日本語が積み残してきてしまったもののひとつに「対話の言葉」があるのではないか、と述べています。たとえとして、日本語には対等な関係で褒める言葉が極端に少ないことをあげ、そんな中で、ひとつだけ、現代日本語にも非常に汎用性の高い褒め言葉があり、それが「かわいい」だと記しています。

その類いの言葉は巷に溢れてきて、最近は「ヤバい」がポジティブな感嘆詞として使われたり、ちょっとした対応が「神！」と言われたりもしています。その使われ方に違和感を感じる人もいますが、私は、だれに、どのような状況で言われるかが重要だと考えています。

「だれ」については、自分が尊敬する人、好きな人、身近な人、応援してくれる人、などの顔ぶれが目に浮かびます。最近は、ＳＮＳなどによって同じ趣味や嗜好性、価値観を持つ人との接点が世界中に広がっていますので、自分の発信した情報に「いいね！」をしてくれる人も対象になるでしょう。「どのような状況で」は、応援してほしいこと、後押ししてほしいことが実際にある場合や、少し自信がなかったり、不安を感じていたり、気持ちが少し落ち込んでいるとき、孤立感を感じているときなどがあげられます。

いずれにしろ、伝わるアクノレッジメントは、どんな言葉を用いるか以上に、相手のことをよく観ていること、相手の話をよく聴いていること、相手の存在をよく感じている、という前提があっての働きかけが重要です。

コーチ・エィのファウンダーである伊藤守さんから何度も伝えられていたことの中に、「大切にするということは、観ること、聴くこと、触れることだ」という言葉があります。私はコーチになりたてのころにトレーニングの場で伊藤さんに、「きみたちはコーチになろうというのに、いつも自分のことばかり考えていて、一緒にここにいる他の人のことあまり観ていないでしょ」「本間君、Sさんが胸に青いブローチしていること知っていた?」と投げかけられたことがあります。

私の「いいえ、知りませんでした」の答えに、伊藤さんは「本間君はSさんに興味ないいんだね」と笑い、「今、観てごらん」と促しました。慌てて斜め後ろのSさんをチラッと目をやって「あ、本当ですね、青いブローチ」と言うと、また伊藤さんの声が聞こえました。「ほら、今この瞬間もきみは何も観てはいない」。

確かに、チラッと青い何かを目に入れたにすぎませんでした。「もう一度ちゃんと観て」と促されて、Sさんと胸元のブローチをよく観ました。あらためてまじまじと観られて少し照れたようなSさんと、ブローチの材質や形状を認識しました。「バラの花をかたどった、深い青の木のブローチなんですね！」。

伊藤さんの声がまた聞こえました。「そう、それがアクノレッジメント」。

私たちは、よく観もしない、聴きもしない、触れもしないで、自動的に口にしてしまうことがよくあります。赤ちゃんに「かわいい」、花に「きれい」、だれかの話に「すごい」、食べ物に「おいしい」。それらの言葉を口にする前に、もう一度よく「観る」「聴く」「触れる」「味わう」。それこそがアクノレッジメントなのだと、私は考えています。

◆エクササイズの進め方

あなたが、感謝を伝えたい人を五人選んで、名前と関係、どんなことに感謝しているのかを書き出します。五人目は、目の前にいるあなたのパートナーの名前にしてください。

五人への感謝の気持ちを、一人ずつ交互に伝え合います。まずAさんが一人目の名前と感謝している内容、どういうメッセージで感謝の気持ちを伝えたいと思っているかを述べたら、次はBさんが一人目について伝えます。同様に二人目、三人目、四人目と交互に伝え合い、最後は目の前のそのパートナーへの感謝の気持ちを伝えてください。

◆振り返りと応用

お互いに伝えてみて、そのうえで感じていること、思っていることを共有します。

パートナーとだけでなく、書き出した四人に対しても、実際にそのメッセージを伝えに行きましょう。もちろん、対象は十人でも百人でもかまいません。

コラム4

油断させる能力

「どんな人がコーチに向いていますか」といった質問を受けることがあります。人に興味があることや、人のサポートをしたいという気持ちがあることが大前提ですが、「まめ」であることも大事な要素です。

私はこの点がとても苦手で、直接やり取りをする「コーチング・セッション」自体は大好きですが、その記録をとったり、フォローのメールを入れたり、参考になる書籍や人を紹介したりといったことを丁寧に行なっている人を見ると、素直に尊敬します。

「人を油断させる能力」も必要な要素としてあげられます。人を油断させる能力を持っている人とは、一見「すごい人」ではなく、いわゆる「カリスマ・コーチ」の対極にいる人といってもいいかもしれません。「この人大丈夫か?」と少し心配させるような要素を持っていながら、気がつくと、その人の前では自分が普段話さないようなことを話していたり、会話の最中の、どうってことのない雑談のようなやり取りが、あとで一人になったときに、じんわりとした気づきにつながったりします。

私が尊敬するIさんは、多くのエグゼクティブたちから信頼を得ている人気のあるコーチであり、私の知っている限り、人を油断させる能力の高いコーチの筆頭にあげられます。

肩書きと見た目から、初対面の人は多少緊張するかもしれませんが、話してみると、エッジの効いた質問が飛んでくるわけでもなく、眼光が鋭いわけでもなく、底抜けに明るいわけでもなく、もちろんオーラも特に感じません。さらに言うなら、話の聴き方もせっかちな印象を与えますし、話し方も口ごもりがちで、少しオドオドした印象すら与えるかもしれません。

だからこそなのか、Iさんの前では油断してしまい、つい感情的になったり、弱音を吐いたり、「実は…」と話をしたりしてしまいます。いつも強気で、ポジティブで、正しい判断を求められるエグゼクティブにとって、（アルコールなしで）少し油断できる時間はとても貴重なのだと思います。

第5章
実践する、そして分かち合う

本章は、部下や上司、プロジェクトのメンバー、顧客、家族など、本来あなたが対話すべき相手との間で実践していきます。その際に役立つテーマを事例とともに紹介します。エクササイズの結果をぜひパートナーと共有しながら進めてください。

レッスン17
「部下のための時間」を確保する

私がコーチとして担当したFさんは、製薬会社の研究所でマネジャーをしている方で、彼の上司である研究本部長からの依頼でした。依頼理由は、「Fさんの部下育成に対する意識を高めてほしい」ということでした。

Fさんは、話をしているときもほとんど視線が合わず、表情もあまりなく、人とのコミュニケーションは苦手だろうなという印象を受けました。自己紹介の際に「僕は人といるよりも(実験用の)ラットといるほうが気が楽です」という発言があり、それはジョークには聞こえませんでした。

Fさんは、本部長からの期待は十分理解していましたが、「自分がだれかに育ててもらったという意識がなく、上司は部下の仕事の工程管理さえしていればいいのではないか」という意見を持っていました。ただ、製薬業界の研究はなかなか結果に結びつきにくく、自分も含めた六人の研究チーム全体の士気はけっして高くないと認識していて、そのことを何とかしたいという気持ちはありました。

「部下の方のための時間は週にどれくらいお持ちですか？」

私が尋ねると、Ｆさんは
「部下のための時間、部下のための時間…」

と何度も繰り返し、しばしの沈黙のあと、

「部下のための時間ってどういう時間なんでしょう？」

と聞き返されました。

それからしばらく「部下のための時間とは何か」をテーマにやり取りが続き、Ｆさんがたどり着いた結論は、

「少なくともそういう時間は取っていない」

でした。定期的な進捗確認のための報告や不明点に関する相談は受けている、定期的なミーティングも開いているが、それらはすべて研究テーマを前進させるための時間であって、部下のための時間として意識したことは一度もないと言います。

それから二週間後の二回目のコーチング・セッションでのＦさんの第一声は

「あれから部下のための時間とは何か、についてさらに考察してみました」でした。「考えてみたんですが、そもそも、その時間が部下のためになっているかどうかは、部下に聞かないとわからないのではないか？」ということで、部下にインタビューしたそうです。

「上司である僕が、きみのために時間を取るとしたら、それはどういう時間であればいいのか？」という、いかにもFさんらしい堅い問いを唐突にされた部下たちのほとんどは戸惑っていたようですが、最年少の女性の研究員から「今、こうやって私に関心を持って意見を聞いてくださっていること自体が、私のためになっています」と言われたのが、もっともインパクトがあったそうです。

それからFさんは、毎週1時間は一人の部下と話す時間を設けることにしました。部下は五人いますので、一人の部下と五週間に一度は話すことになります。スケジュールには「○○さんの時間」と書きこみ、一年先まで日程を決めました。そして、その時間をどう使うかは、部下自身に決めてもらうことにしました。

部下によっては、その時間をどう使ってよいかわからず、これまでどおりの進捗報告のみで、10分も経たないうちに話が終わってしまうこともあったようですが、それでもよしとして続けているうちに、部下同士で「あの時間をどう使っている？」という共有もあり、三巡目くらいには全員がフルにその時間を活用するようになりました。その中には、今とはまったく異なった研究テーマの提案や、将来のキャリアに関する相談、さらにプライベートで気がかりになっていることなど、「きっと、これまでだったら私に話しても仕方がないと思っていたようなこと」も含まれていて、それにどう対応したらいいのかに対する戸惑いはあるものの「部下に対する興味は高まった」とのことでした。

この間、Fさんのコミュニケーション能力が特に上がったとは正直思えませんでした。私とのコーチング・セッションのたびに「気の利いたコメントが言えない」「自分の専門領域以外のことに関するアドバイスができない」「質問が思いつかない」といった悩みが尽きませんでした。ただ一点大きく変わったのは、「毎週の部下との時間が楽しみになっている」ことでした。

Fさんのコーチングを担当するようになってから半年ほど経ったとき、依頼主である本部長と話す機会がありました。この半年でFさんの研究チームの雰囲気が明らかに変わったそうです。

「これまで、あのチームのミーティングで笑い声が聞こえることはまずなかった。特にF

さんが一番笑っているんですよ」

現在、多くの企業が部下との1on1の時間を持つことを奨励しています。必須の時間として制度に組み入れているところもあります。このことは大いに歓迎すべきことです。多くのマネジャーがプレイングマネジャーとして自分自身のことで精いっぱいで、部下との時間が後回しになりがちな中、1on1で話す時間を定期的に確保していることは、すばらしいことです。

ただ、その時間が「部下のための時間」になっているのかどうかが重要なポイントです。上司が欲しい情報を手に入れることが目的になっていたり、本人が望んでもいないのにプライベートな話を根掘り葉掘り聞いたり、ましてや上司がずっとしゃべり続けているのでは、せっかくの時間もムダになってしまいます。

まずは時間を確保する。そしてその時間が相手のためになっているのかを確認してください。それにはレッスン15の「メタ・コミュニケーション」が役立ちます。「この時間はあなたにとってどのように役に立っているのか?」「もっと有効な時間にするために、お互いに工夫できることは何か?」といった振り返りの時間を1on1の何度かに一回程度、持つことをおすすめします。

◆実践的エクササイズ

現在、すでに1 on 1の時間を持っている人は、その時間がどのように役に立っているのか、どのような意味を感じているのかを相手に聞き、さらに有意義な時間にするためにお互いにできることを話し合ってみてください。

また、1 on 1の時間を持っていない相手で、話したいことがあるものの話をしていないことがある人、聞きたいことがあるのに聞いていないことがある人など、気になる人もリストアップし、その人と「いつ、どこで、何について、どのように話すのか」を書き出し、実行に移します。

レッスンのパートナーとは、リストを共有して確実に行動に移せるようにし、計画どおりに進んでいるかどうかのフォローアップや、リストにある人と実際に話してみて、どのような成果や感想があったかを共有するとよいでしょう。

レッスン18

上司との対話を機能させる

コーチングは部下育成の手法、１on１は部下育成の機会、それらを主導するのはマネジャーやリーダーと一般的には認識されています。しかし、１on１を部下という立場で実施し、「上司のリーダーシップを高めてもらう」機会にしている人もいます。とりわけ、自らコーチングを学んでいる人からは、上司とのコミュニケーションを良いものにしていくことを意識し活用しているという声をよく聞きます。

今はマネジャーの立場にいなくても、将来を見据えて、あるいはチームを良くしようと思ったら上司をもっと機能させなくてはならないという発想を持つ人の話を見聞きするたびに、役割に関係なくリーダーというのは存在するのだと感心させられます。

Hさんもその一人で、ウェブ制作会社のデザイナーです。コーチングは、顧客とのコミュニケーションに活かすために学び始めました。すぐに「うちの会社には、そもそも社員のマネジメントをできる人がだれもいない」ことに気づき、まずは自分の直属の上司を「立派なマネジャーにする」というミッションを持つに至りました。その上司は、ウェブデザイナーとしての能力はだれもが認めている社長の右腕のような存在ですが、人を育てよう、メンバーのモチベーションを高めようという発想がなく、何人もの有望なスタッフが辞めていくのを見ながら、Hさんも「仕方がないこと」とあきらめていました。

そんな中で、コーチングを学んでいる仲間から、「自分の上司の話に積極的に質問したり、アクノレッジしたりする中で関係の変化が起きた」という話を聞き、まず取り組んだのが、レッスン17にある「時間をつくる」ことです。

最先端とか、最新という言葉に反応する上司に合わせて「最先端のイケてる会社では、上司と部下で1 on 1をするのが流行りらしいですよ。うちでもやりましょうよ」が誘い文句でした。「面倒くさい」「必要ない」と言う上司に、自分が相談したいことを準備するので、それに答えてくれるだけでいい、直接の業務とは少し離れたところで、上司の哲学や価値観や美学を聞かせてほしいとリクエストし、毎月一回30分の1 on 1の時間を確保してもらいました。Hさんは、上司が実はそういうことを話したがっているという情報を得ていて、その欲求をくすぐる形になったことが功を奏したのでしょう。

Hさんが次に準備したのが、当日の上司にする質問リストづくりでした。上司のデザイナーとしての哲学、美学をとことん聴いて、気持ちよく語ってもらう質問をつくりました。Hさんはコーチングを学ぶプロセスの中で、すでにかなり上手な聴き手になっていたので、気持ちよく語ってもらう目的はうまく達成でき、最初面倒がっていた上司も、次の予定を優先的にスケジュールに入れるようになったそうです。

お互いの信頼関係ができ、上司が1 on 1を楽しみにするようになったら、次のステップは、他のメンバーのポジティブな情報を上司にインプットすることです。

部下のできていないこと、足らないことに目が行きがちな上司に、いいところや強みに少しでも関心を持ってもらうとともに、上司の価値観についてもある程度聞き取っているので、それに沿った情報を与えるようにしたそうです。たとえば「○○さんは、顧客との信頼関係をつくるのがとても早い。失敗もあるけど、顧客からかわいがられている」「△△君の持っているセンスは、こういう場面で活かせるだろう」などの情報を何気なく伝えるようにしました。

すると、上司からも「△△は、実はこういう能力も高い」といった、普段、本人の前では絶対に話さないようなポジティブ・メッセージがポロリと出てくることもありました。

そこでHさんは、そのメッセージを当事者であるメンバーに伝えるようにしました。

「あの上司が、△△君のこういうところをすごいって言ってたよ」

普段はダメ出しばかりされているメンバーも、そういう話を聞かされると、モチベーションが上がります。きついことを直接言われても、心の中で「でも、こういうところは認めてくれているんだ」と思って聞けるようになるので、その後の頑張りが違ってきます。そしてその頑張りが、上司の評価にもつながり、チーム全体の雰囲気が変化して、「もう辞めたい」とため息をつく人はいなくなったそうです。

このようなやり取りを始めて半年くらい経ったときにHさんは、社長から来年度からチームリーダーをやってほしいという声がかかりました。Hさんは十分にマネジメントできるレベルまで成長したから、ぜひチームリーダーを任せたい、と上司から推薦があったそうです。そしてその上司は、「この半年間、自分が1 on 1を通して、Hさんを早期に育てることができた。だから1 on 1は全社的に取り入れたほうがいい」とも社長に伝えたようです。

Hさんは唖然としましたが、当初の目的は一応達成できたと考えることにし、「正しい1 on 1」の導入については、自分が主導でやりたいと手をあげました。「あのマネジャーもだいぶ育ってきたよね」と、部下たちに言われるようになったら、1on1はかなりの成功を収めたといえるでしょう。

◆実践的エクササイズ

自身の上司への質問集をつくります。セルフインベントリー・シートを参考に、上司について知っていること、知らないことを確認しつつ、ぜひ直接聞いてみたいことをリストアップします。

一通りリストアップができたら、順番を入れ替えます。上司が答えやすいこと、話したいと思われるようなことをリストの最初のほうにします。その際、「今後の経営戦略をどう考えているのか」「メンバーのモチベーション低下の責任をどう考えているのか」などといった質問は、けっして最初に持ってきてはいけません。最後の最後にするか、答えたくなるような別の問いかけに変えます。

そして、1on1の機会をつくってもらったり、食事に誘って、問いかけましょう。「ぜひ、教えてほしい。聞かせてほしい」というスタンスで臨みます。これまで練習したアクティブリスニングをフル活用する時です。

レッスン19 「喉の小骨」を取る

あるメーカーの執行役員で経理部長のMさんは、私とのコーチングの冒頭で、「ちょっと気がかりがあって」と話し始めました。話の途中でMさんは、「こんな小さなことをテーマに話していていいのでしょうか」と気になったようです。小さなこととは、事業所としばしばトラブルを起こすスタッフとの面談でどんな話をするか、です。

「Mさんにとって本来話すべき大きなこととは何だと思っていますか？」

それに対して、Mさんが話してくれたのは、この会社を法務の立場からどう支えていくのか、中長期経営計画における法務部のあり方を社内外にどう伝えていくのか、そして、経営者の一員として自分に必要なリーダーシップとは何か、でした。

Mさんとのコーチングは、その会社の人事を担当する役員からの依頼でしたが、まさにその役員がMさんに期待していることとして私たちに伝えてくれた内容そのものであり、初回のコーチングで、それに向けて取り組んでいきましょうと、お互いに確認したテーマでもあります。そういうことに取り組むべき存在が、部下との面談で、何から話すといいのかについて悩んでいる場合か、というのが、「小さなこと」の発言になったようです。

「では、そのテーマは取り下げますか」と聞くと、「いやいや、喉に引っかかった小骨みたいなもので、これがとれたら、次に進めそうだから…」ということで、結局その後のセッションは、その「小さな小骨」について話すことになりました。

「人は大きな問題、重要な問題に関しては、その力を発揮して、何とかしようとするものだ。ところが取るに足らない、小さなことにこそ手を打てないままになっていることが多い」

これも、前述の伊藤守さんの言葉です。コーチングをしていると、同様のケースにたびたび出会います。

ある大手証券会社の部長は、担当している大型のM&A案件が暗礁に乗り上げていて、その解決の糸口を見つけることに奔走しているさなかに、「実は、もう一つ気になっていることがあって…」と話し始めました。

それは娘さんの高校受験が間近に控えているという話題で、娘さんがこのところ少し気弱になっている、ということを妻から聞いて以来、どうしたものか、と気が気ではないというのです。部長は単身赴任をしているので、この時期、直接会って話をすることもできず、かといって電話やメールも娘さんが嫌がるのでしていないそうです。

そこで、「娘さんは、お父様にどんなことを期待していると思いますか」と聞いてみました。すると「いや、何もない、大丈夫だからほっといてくれと言われると思う」。「では、奥様から何か頼まれましたか」と聞くと、「いや、何も。少し気弱になっているけど、心配しなくていいと」。「ということは、お父様にできることは？」に対しては、「何もない！」。

そんなやり取りをしましたが、「いやー、すっきりしました。私が娘にできることは何もないことがはっきりして、これで仕事に集中できる」と大そう喜ばれました。

コーチングの中では、そのような小さな引っかかりを「未完了」「気がかり」と呼び、実はそれが大きなことに注ぐべきエネルギーを削いでしまっていることがある、という点に注目します。

コーチングで扱うテーマは、通常のテキストでは「緊急度は低いけれど、重要なこと」と解説されています。緊急度が高ければティーチングもやむなし。重要度が低ければ、そもそも扱う必要なし、ということなのかもしれませんが、人の育成や組織開発、文化や風土づくりなどは「緊急度は低くても重要なこと」であり、それらは、じっくり時間をかけて取り組むべきものです。そのためエネルギーを蓄えておくことが必要なのです。

そのエネルギーが、さほど重要ではないことに常に注がれてしまうと、長期的には大きなエネルギーロスとなります。水槽の下のほうに小さな穴が開いているようなものなので、いつまで経っても満タンになりません。まずはその穴を探し、ふさぐ必要があります。

ここであげた例では、部下との面談を小さなことととらえ、もっと大きなことを考えなければならないと思っている「焦り」や、特に望まれていないのに、娘のために何かしてあげなくてはと「思い悩んでいる時間や意識」がエネルギーロスとなっているのです。「そんな小さなこと」だからこそ、そのことを丁寧に扱い、大切にできれば、大きなことへチャレンジしてみようという勇気やエネルギーもわいてくるはずです。

◆実践的エクササイズ

自分の中で、「小さなこと」ではあるものの、気になっていること、未完了になっていることをリストアップします。取りかかろうと思えばすぐに取りかかれるような小さなものであることがポイントで、業務上の大きな問題や、複雑で厄介な問題は対象外です（たとえば、「既読メッセージに返信する」「出なくなったボールペンの芯を交換する」「美容室を予約する」などが該当します。「新規プロジェクトを立ち上げる」は該当しません）。

それについて一週間以内に取り組み、完了させるために、いつ、どこで、何をするのかのリストをつくります。一週間以内に取り組めないことはリストから除外します。そしてこのリストをパートナーと交換し、完了するたびにパートナーに知らせてアクノレッジしてもらいます。期限を過ぎてもパートナーからお知らせがないときは、そのことが新たな気がかりになるので、進捗確認や励ましの連絡を入れて、リストにあげたことがすべて完了するように応援し合います。

一週間後に結果報告をし合い、この間の体験を共有します。そして、完了できていない項目は、本当に実行するのか、いつ、どこで、何をするのかをあらためて約束します。また、やらないと決めたものはリストから外します。

レッスン20

「何」ではなく「だれ」から始める

「きょう話したいことは何ですか？」「きょうのテーマは何にする？」

通常の1 on 1やコーチングはこのような問いかけで始まります。つまり話題にしたい「何か」についての会話が始まるわけですが、実は、その前に準備をしておくことがあります。

「前回話したこととの記録を読み直すこと」「きょうはどんなことを質問しようかと考えておくこと」「時間配分や次の予定を確認しておくこと」。それらは、もちろん大切なことですが、忘れてはいけないのは、これから話す相手が「だれか」を思い起こすことです。

それは、いうまでもないことで、だれもが「きょうは一時から○○さんと1 on 1だな」と、事前に「だれ」と話すのかを認識して、あるときはワクワクしたり、あるときは気が重くなったりします。ところがいったん、その人との会話が始まると、通常はその意識は

「話題＝何」に移っていきます。そして以降は、「何が問題か」「何を求めているのか」「どうすればいいのか」のやり取りに終始します。

しかし、なんとなく収まった感じはするものの、どこか表面的で、物足りない感じが残る、そんな経験を、これまで1 on 1を実践してきた方は何度か感じているのではないでしょうか。おそらくそれは、やり取りの中で、「だれ」が置き去りにされていることに起因するのではないかと私は考えています。

言葉でこそ「○○さんはどうしたいの?」「○○さんにできることは?」「○○さんにとってどういう意味が?」と、相手の名前が連呼されるものの、その相手を十分に感じられないまま、「その問題」の解決のために話が進んでいたことはありませんか。レッスン17で紹介した「相手のことを考える時間をつくる」は、その意味でもとても大切です。

さらに加えて、考えるだけでなく、「相手のことを感じる時間」を、1 on 1を始める直前に持つこともおすすめします。そこでは、相手の、話しているときの声の大きさやトーン、話し方、表情、しぐさなどを思い出して、自分の中でどんなふうに受け止められるかを、五感すべてを使って感じ取ります。そうすることによって、その後の相手とのやり取りの際に伝わってくるもの、受け取れるもの、そしてこちらからの問いかけの質が変わるようです。

さらにもう一つ。自分自身が「だれ」であるかも感じてから（あるいは思い出してから）、部下やメンバーとの1 on 1を始めることを強くおすすめします。これは具体的には、レッスン2のエクササイズを実践することです。

「今の自分のコンディションはどうか」「呼吸は落ち着いているか」「何か頭の中を占めているものはないか」「今、ここに集中できているか」「これから1 on 1を始めようとする○○さんのことを思い浮かべると、どんな気持ちになるのか」「身体はどのように感じられるのか」「頭の中ではどんなささやきがあるか」

このように、自分を少し観察する時間を設け、それらを観察している「私」を感じてから1 on 1を始めます。そうすることによって、直前まで行なっていた仕事のことや、自分に起こった出来事に影響されにくくなり、これから話す相手に集中できるだけでなく、たとえ「話題は何か」「何をめざしているか」「何に取り組むか」を話していたとしても、そこでは常に「だれ」をベースにしていますので、同じ問いかけでも相手に伝わるトーンが違ってきます。

「自分自身と一緒にいる」、そして「目の前の人とも一緒にいる」ところから、対話は始まるのです。

◆実践的エクササイズ

1 on 1やコーチングを始める10分前には、目を閉じ、対象の人を思い浮かべて、その人を感じる時間を持ちます。さらに、それを感じている自分自身にも意識を向けてから1 on 1のセッションに入ります。

パートナーとは、一週間ほどしてから、これを実践しているときと、そうでないときの比較など、やってみての気づきや発見を共有します。

このエクササイズは、さまざまな場面に応用できます。特に、緊張をともなう場面で、たとえば重要な会議の前や、顧客へのプレゼンテーションの前、謝罪や交渉ごとの前などに有効です。相手が複数の場合は、もっともキーになる人を思い浮かべます。

すぐに緊張がとれるとは限りませんが、不思議なことに、緊張したままでもどこか落ち着いている自分に気づくはずです。

コラム5

リモート時代の対話のレッスン

本書の執筆中、世界は新型コロナウイルスの脅威に見舞われ、拡大防止のために、自粛生活、在宅勤務を余儀なくされました。そのような環境下で活躍したのが、ビデオ通話です。会議や打ち合わせにとどまらず、オンライン飲み会まで開催されるようになりました。1on1もビデオ通話を使用されていた方が多かったのではないでしょうか。

さて、このビデオ通話で私が一番興味深かったのは、自分の顔がそこに映し出されるということと、さらにアプリによってはその様子の録画が可能だということです。これまでエグゼクティブ・コーチなどでは、リーダーの表情やふるまい、声の大きさやトーンが参加者に与える影響を知ってもらうために、わざわざ会議室にビデオ機材を持ちこんだり、スマートフォンを駆使して録画してもらっていたものが、いとも簡単にできるようになりました。

私がコーチをしている食品メーカーの社長は、会議の場での社員の発言が少なく、どうもそれが自分の影響であるらしいことには気づいたものの、何をどうすればいいのかを悩んでいました。その社長から、この機会に初めてビデオ会議を行ない、録画したので見てほしいというリクエストがあり、一緒に見ることになりました。すると、私がフィードバックするまでもなく、社長自らが「あ、口がへの字だ」「眉間にしわが」「また途中で口をはさんだ」など、自分自身に突っ込みを入れてしきりに反省をしていました。

その後も会議のたびに録画して見直されていたようで、二週間経ったときには「秘書から見違えるように良くなったと褒められた」とうれしそうに話していました。

「ビデオ会議だと、嫌でも自分の顔が見えちゃうからね。苦虫をかみ潰したような顔の人の前では発言したくない気持ちがわかった」

これからの時代、ますますリモートでコミュニケーションをとる機会が増えることでしょう。そのような環境下だからこそ、相手を観察し、理解し、感じ取ろうとする対話力が必要になってきます。最新のテクノロジーは、その手助けをしてくれるに違いありません。

あとがき

私にとって初めての著書となる本書は、いくつかの実験的な試みに協力していただいたみなさんのおかげで上梓することができました。その一つが、執筆にあたり、完成をゴールとして、十数人のコーチたちから、その局面に応じて受けてきたコーチングです。これは、私がコーチ・エィ アカデミアのメンター・コーチという役割を担っているからこそ可能だったものです。育成対象のメンティたちとのセッションの中で、私をコーチしてもらうという機会を活用して行ないました。あるコーチとのセッションでは執筆のモチベーションアップをテーマにし、別のコーチとはタイムマネジメントを、さらに別のコーチにはこの先のビジョンを広げていくためのコーチングをお願いするといったように、完全にクライアント（今回は私自身）主導のコーチングです。

また、ワークショップやトレーニングで知り合った仲間たちで始めたＤＣＣという小さな勉強会のメンバーには、本書で紹介したエクササイズを実際に試してもらいました。中でもリモート環境での実践が十分に可能であることが、みなさんからのフィードバックによって確信できたことは、価値ある体験でした（残念ながら、カメラ越しのアイコンタクトは現時点ではまだ困難であることもわかりました）。

そのＤＣＣが、「対人支援の業務や役割に携わる人のウェルビーイングの向上」をミッションとした「一般社団法人ダイアローグ・カフェ・クラブ」として、新しい一歩を踏み出すことになりました。今後は、医療や福祉、教育、人材の育成や開発などの支援にかかわる人々が、自分自身のコンディションを整え、身体的、精神的、社会的な視点から健康でいられるように学習する場、対話する場を提供していきたいと思っています。

コーチ・エィ ファウンダーの伊藤守さんには三十年にわたりご指導いただきました。執筆を通じて、本書で伝えたかったことは伊藤さんの教えばかりであることを実感しました。３Ｄラーニング・アソシエイツ代表の関島康雄さんには、「経団連グリーンフォーラム」でのコーチング研修の機会をご紹介いただきました。執筆の背中を押してくださった経団連事業サービスのみなさまにも心から感謝申し上げます。

二〇二〇年七月

本間　達哉

参考文献

『現実はいつも対話から生まれる―社会構成主義入門』ケネス・J・ガーゲン、メアリー・ガーゲン著、伊藤守監訳、ディスカヴァー・トゥエンティワン

『他者と働く―「わかりあえなさ」から始める組織論』宇田川元一著、News Picksパブリッシング）

『無意識と対話する方法―あなたと世界の難問を解決に導く「ダイアローグ」のすごい力』前野隆司、保井俊之著、ワニブックス

『悩みを聴く技術―ディープ・リスニング入門』ジェローム・リス著、国永史子訳、春秋社

『対話型組織開発―その理論的系譜と実践』ジャルヴァース・R・ブッシュ、ロバート・J・マーシャク著、中村和彦訳、英治出版

『新 安心して絶望できる人生―「当事者研究」という世界』向谷地生良、浦河べてるの家著、一麦出版社

『新 コーチングが人を活かす―気持ちと能力を高める最新コミュニケーション技術』鈴木義幸著、ディスカヴァー・トゥエンティワン

『対話のことば―オープンダイアローグに学ぶ問題解消のための対話の心得』井庭崇、長井雅史著、丸善出版

『「対話」がはじまるとき―互いの信頼を生み出す12の問いかけ』マーガレット・J・ウィートリー著、浦谷計子訳、英治出版

『かかわり方のまなび方』西村佳哲著、筑摩書房

本間 達哉（ほんま・たつや）
上智大学文学部卒業後、児童相談所などの相談員を経て1998年㈱コーチ・トゥエンティワン入社。2001年の㈱コーチ・エィ創業とともにエグゼクティブ・コーチとして500人以上のリーダーをコーチ。またコーチング型マネジメントを学ぶ「コーチ・エィ アカデミア」のメンター・コーチとして多くのコーチの育成に携わっている。2020年「人を支援する人たちのウェルビーイングの向上」を目的とする一般社団法人ダイアローグ・カフェ・クラブを設立し、代表理事。（一財）生涯学習開発財団認定マスターコーチ、国際コーチ連盟（ICF）マスター認定コーチ。

1on1《ワンオンワン》の対話《たいわ》レッスン
―ワンランク上のコーチング

著者◆
本間 達哉

発行◆2020年9月10日 第1刷

発行者◆
輪島 忍

発行所◆
経団連出版
〒100-8187 東京都千代田区大手町1-3-2
経団連事業サービス
電話◆[編集]03-6741-0045 [販売]03-6741-0043

印刷所◆大日本印刷

ISBN978-4-8185-1924-4 C2034